本书为上海市浦东教育发展研究院李军主持的 2022 年度上海市教育科学研究项目《指向创造力培养的区域特色综合课程研究》阶段成果。立项编号为 C2022110。

航创展风华

创教育：『航创』综合课程研究与实践

创教育

基于区域特色综合课程创造力素养培育丛书

总 主 编 张 伟 李百艳

副总主编 吕翠红 李 军

CHUANG
JIAOYU

主 编 马淑颖

副主编 赵国弟 尤庆荣 朱国花 朱海兰
史炯华 陆 英 柴建荣

编 委 刘季青 赵冉冉 薛 晟 吴勤华
张 玥 康 樱 康 伟 李 青
李亚兵 陆 彦 沈卓俊 张雪峰
张思怡 杨靖宇

上海交通大學出版社
SHANGHAI JIAO TONG UNIVERSITY PRESS

内容提要

本丛书的主要目标是深化上海市基础教育课程教学改革，推动中小学创新创造教育，探索基于情境、问题导向的互动式、启发式、探究式、体验式教学，保护学生的好奇心、想象力、求知欲，激发探究和学习的兴趣，提升学生创新精神和实践能力。本丛书是上海市浦东新区教育局、浦东新区教育发展研究院以及所属各学校依托《基于区域特色的学校综合课程创造力培养研究与实践》项目，积极探索、先行先试，打造的上海教育改革创新发展新标杆，为上海深化教育综合改革、加快推进教育现代化提供了可复制、可推广的经验。本丛书作者具体开展了基于浦东新区区域特色综合课程创造力的内涵界定与理论基础研究，构建起能够体现浦东新区金融、航运、科创、人文四大特色的"创教育"课程体系，创设了"融创""航创""科创""文创"四大课程主题联盟，建立了校长—教师—学生"三位一体"的区域课程创造力提升实施架构与配套机制。本丛书主要适合基础教育阶段的教育工作者和研究人员阅读使用。

本书主要介绍"航创"联盟学校的研究与实践成果。

图书在版编目(CIP)数据

航创展风华：创教育："航创"综合课程研究与实践／马淑颖主编. -- 上海：上海交通大学出版社，2024.10

（创教育：基于区域特色综合课程创造力素养培育丛书／张伟，李百艳总主编）

ISBN 978-7-313-29692-4

Ⅰ.①航… Ⅱ.①马… Ⅲ.①基础教育-课程建设-研究 Ⅳ.①G632.3

中国国家版本馆CIP数据核字(2023)第195386号

航创展风华——创教育："航创"综合课程研究与实践

HANGCHUANG ZHAN FENGHUA——CHUANG JIAOYU："HANGCHUANG" ZONGHE KECHENG YANJIU YU SHIJIAN

主　　编：马淑颖

出版发行：上海交通大学出版社　　地　　址：上海市番禺路951号

邮政编码：200030　　电　　话：021-64071208

印　　制：上海景条印刷有限公司　　经　　销：全国新华书店

开　　本：787 mm×1092 mm　1/16　　印　　张：12

字　　数：260千字

版　　次：2024年10月第1版　　印　　次：2024年10月第1次印刷

书　　号：ISBN 978-7-313-29692-4

定　　价：78.00元

序

“十四五”时期是我国全面建成小康社会、实现第一个百年奋斗目标之后，乘势而上开启全面建设社会主义现代化国家新征程、向第二个百年奋斗目标进军的第一个五年，也是上海在新的起点上全面深化“五个中心”建设、加快建设具有世界影响力的社会主义现代化国际大都市的关键五年。当前上海发展环境正在面临更为深刻复杂的变化，新冠疫情全球大流行加速了百年未有之大变局向纵深发展，如何通过教育变革与创新，积极回应国家“双减”政策，全面落实立德树人，强化创新型人才培养，为不同潜质学生提供更多发展空间，支撑引领城市能级和核心竞争力提升，上海将承担更大使命、更多重任。

深化上海市基础教育课程教学改革，推动中小学创新创造教育，探索基于情境、问题导向的互动式、启发式、探究式、体验式教学，注重保护学生的好奇心、想象力、求知欲，激发探究和学习的兴趣，提升学生创新精神和实践能力，是落实教育基础性、先导性、全局性的战略地位，建设高质量教育体系，培养创新型人才的重要抓手。2018年，上海市率先布局，开展区域课程教学改革创新试验，将实施《基于区域特色的学校综合课程创造力培养研究与实践》项目（以下简称“创造力培养项目”）作为上海市新时代深化基础教育课程教学改革的重要突破口，积极探索、先行先试，打造上海教育改革创新发展新标杆，为上海深化教育综合改革、加快推进教育现代化提供可复制可推广的经验。

“创造力培养项目”选取浦东新区、嘉定区作为先行试点区域，目前已经开展了为期四年的探索。浦东在打造社会主义现代化建设引领区过程中，高度重视“创造力培养项目”工作，不仅将其纳入市教委与浦东新区政府签署“上海区域教育综合改革创新示范区”合作框架内容，在浦东区委区政府发布的《浦东教育现代化2035》中，也明确将开展基于区域特色的学校综合课程创造力的研究作为战略任务之一加以推进。

在推进“创造力培养项目”过程中，浦东通过研发区域特色的学校主题式创新创意综合课程体系，指向于学生创造力培养这一目标，形成了浦东项目推进的区域特色：

一是区域创“思”。浦东项目组在区域层面围绕项目加强顶层设计，开展了浦东区域特色综合课程创造力的内涵界定与理论基础研究，构建起能够体现浦东金融、航运、科创、人文四大特色的“创教育”课程体系，创设了“融创”“航创”“科创”“文创”四大课程主题联盟，建立了校长-教师-学生“三位一体”的区域课程创造力提升实施架构与配套机制。浦东通过区域特色综合课程理念、课程建设、课程实施和课程评价的创造力四大板块的实施架构设计和各版块主要任务的有序推进,以机制建设为重心,在区域教育系统内部,形成以学生创造力培养为本,教师培训、学校发展、区域特色教育资源统整相结合的区域特色综合课程创造力提升推进机制,组建了包括校长、学科骨干教师、教发院教科研专家、全国知名专家和学生同时参与的区域特色综合课程创造力建设核心团队,实现区域特色综合课程从课程理念到课程建设、从课程实施到教学评价的整体推进。

二是学校创"行"。浦东在推进"创造力培养项目"过程中,突出项目学校作为课程实施主体地位,各项目学校创新校本课程实践方式和方法,结合自身特点着手研发校本化、主题式的综合课程方案,初步形成了扎根本校文化特色、符合区域实际、体现时代精神、选择丰富多样、有助于创造力培养的综合课程体系。在课程环境创新、课堂教学创新和课程资源创新等方面体现了创造性行动。

首先,体现了学校课程环境创新。浦东项目学校结合中小学创新实验室建设、数字教材建设、课程教学信息化建设和智慧学校建设等项目,打造课程共享、强调价值性、体现时代性、注重思想性、富有选择性、坚持科学性、体现中外融合的特色综合课程体系,使课程能够为学校每一个学生提供全面而个性发展的机会。为创造力培养营造一个安全的环境、宽松的氛围和自由的空间,推动了综合课程高品质实施。

其次,体现了学校课堂教学创新。在教学方式方面,浦东项目学校积极将当前国际课程教学领域涌现的主题探究式学习、情境学习、问题式学习、项目化学习、游戏化学习、"做中学"、研究性学习、基于信息技术和人工智能的学习、STEAM 跨学科学习等学与教方式,有机融入区域特色综合课程实施的教学推进过程。项目实施中加强指向学生核心素养和学科素养培育、注重与真实生活情境联系、问题解决和应用迁移的课堂教学设计,全方位扭转"以教为主"的传统课程教学模式,重点落实从教师的"教"向学生的"学"的课程教学模式转变,使区域特色综合课程的教学实施更加符合学生的认知规律和身心发展规律、更加符合信息时代人的学习特点,切实提升区域特色综合课程的创造力和教学质量。

最后,体现了学校课程资源创新。浦东项目学校一是深入挖掘校内课程资源,积极开发信息化课程资源,充分发挥了图书馆、实验室、专门教室及各类教学设施和实践基地的作用。二是广泛开发校外课程资源。浦东项目学校充分挖掘校外高校、研究机构、场馆、企事业单位等优质教育资源,并将这些优质教育资源链接到项目实践中,有力地推进了学校创新性行动。

三是智力创"能"。浦东着力拓展区域与社会专业机构、区域与海外教育组织的交流合作机制,充分发挥区域内高校、科研院所、公共场馆、企业等社会教育资源对区域课程建设与实施的积极作用,持续深化与国外教育机构和社会组织的专业合作,为"创造力培养项目"赋能。

经过几年的探索,浦东"创造力培养项目"的实施,取得了四个方面的成效和突破:

一是经过四年多的探索与实践,浦东构建起能够体现浦东新区金融、航运、科创、人文四大特色的"创教育"课程概念体系和项目实施框架,建立了项目推进的组织机制,形成了整体驱动的浦东区域特色综合课程资源。

二是通过项目学校遴选和学校调研与指导，进行了境内境外的研修，构建起能够体现浦东金融、航运、科创、人文四大特色的“融创”“航创”“科创”“文创”四大主题课程联盟，通过四大特色课程联动小学、中学，实现12年贯通设计，建立了校长-教师-学生“三位一体”的区域课程创造力提升实施架构与配套机制。

三是基于已开发的区域特色综合课程体系，通过线上线下相结合的方式互动开展教师培训交流和学生学习，整体提升区域实施综合课程的教学质量。

四是以培养学生创造力为导向，初步形成了“区域-学校-学生”三级区域特色综合课程评价机制。

浦东“创造力培养项目”的实施凸显出三大亮点：

一是体现了中外融合。浦东在建设与实施“创造力培养项目”中，广泛吸收和借鉴当前国际前沿的课程教学研究成果和实践经验，通过组织教师海外研修、开展国际论坛、学生研学访学等活动开展，将当前全球范围内最先进的课程理念、课程内容、课程教学模式引入到当前上海深化基础教育课程改革的进程中，服务并推进区域特色综合课程建设与实施的质量和有效性不断提升。

二是凸显了技术变革。浦东充分利用信息时代和人工智能时代借助信息化手段开展课程教学、评价、教研的开放性优势，打破传统课程建设与实施的时空局限，构建学生和教师在课程建设、实施与研修改进过程中时时可学、处处能学的教师培训研修与学生学习模式，融合教师和学生的线上网络学习互动与线下现场学习交流，全方位提升信息技术与区域特色综合课程的深度融合。

三是形成了区校联合机制。浦东在发挥好区域在课程体系顶层设计、资源统筹与配置、课程建设专业指导与保障等方面作用的同时，激发区内学校在立足可获得资源的基础上进行课程建设和实施的积极性与创造性，有效加强区域与学校之间的良性互动，各司其职、有机联动、一体协同提高整个区域基于区域特色的学校综合课程的创造力。

当前，经过四年多的探索和实践，“创造力培养项目”的研究与实施进入最为关键的时期，需要在系统梳理实践经验的基础上，在更大范围内进行推广辐射。我欣喜地看到，浦东项目团队在市级项目组的指导下，正在引导各项目实验学校更好地发挥实践工作者的主动性和创新活力，梳理和汇集合乎研究目标的可推广的成果，探索具有更加丰富、更高水平的系统性、可复制性“浦东经验”。期待“浦东经验”更好地发挥推动上海市中小学课程改革和创造力培养的更高水平发展的“灯塔”作用，打造上海教育改革创新发展新标杆。

是为序。

贾炜

上海开放大学校长

2023年8月

前　言

本书是在上海市教育委员会的策划与指导下，由上海市浦东教育发展研究院（以下简称“浦东教发院”）主持的《基于区域特色的学校综合课程创造力培养研究和实践》项目（以下简称“创造力培养项目”）中的一个子项目——《新时代“航创”综合课程系列研究与实践》项目的成果，汇聚了以上海海事大学附属北蔡高级中学（以下简称“北蔡高中”）为牵头校的“航创”联盟校的经验与智慧。

本子项目自 2019 年立项后，经历了诸多难忘的实践活动。

2019 年 1 月 15 日，上海市教育委员会区域学校综合课程创造力研究浦东试点项目说明会在浦东教发院召开，最早成为“航创”项目校的 4 所学校参与。4 月，各项目校接受“创造力培养项目”组织方的实地调研。10 月，项目组组织赴英国研修活动，参与“航创”综合课程的项目校上海市临港第一中学的陆英校长在行前会上作了交流发言。

2020 年 6 月，“创造力培养项目”浦东实验区推进交流会上，“航创”板块的课程联盟成立，北蔡高中的马淑颖校长介绍“航创”联盟的综合课程实施情况，联盟校增至 6 所。暑期，“航创”联盟校先后参加了学生和教师的专题活动：学生参与“奇思科创”课程培训班，教师参与“创造力培养项目”浦东实验区 2020 年暑期研修，各校分享了综合课程的建设经验。10—12 月，联盟校经历了系列活动，包括北蔡高中接受项目的中期调研，参与“创造力培养项目”2020 年教育创造力和领导力研修课程培训，后又参加了本项目组织的专家咨询会等，同时，“航创”联盟校的成员也扩充到了 7 所学校。

2021 年是联盟校活动最丰富的一年。1 月，“创造力培养项目”浦东实验区阶段展示会举行。其后，针对“航创”联盟学段贯通课程的开发组织了培训、研讨和交流。3 月，“创造力培养项目”浦东实验区 2021 年启动会在浦东教发院召开。其后，扬帆起“航”，“创”造未来——浦东新区“航创”联盟学校工作会议在北蔡高中召开。5 月，北蔡中学参加了中国航海博物馆组织的“激流扬帆 · 搏浪前行”电动帆船体验活动。6 月，“创造力培养项目”专家研讨会上，马淑颖校长代表联盟校参与了圆桌讨论。暑期，联盟校两所高中的学生参与了由北蔡高中承办的“智能护航 · 创客救援”——第四届上海高中生论坛青少年创客马拉松活动。7 月 9 日，由北蔡高中承办的“航创 · 未来”——第四届上海高中生论坛主论坛活动举行，各联盟校领导在“青少年航海创新学院”启动仪式上一同按下启动键。8—11 月，联盟校共同组织了多次学段贯通课程“水下机器人”和“邮轮研学”的培训研讨，其间还参与了 2021MATE 水下机器人国际竞赛暨第二届中国区域赛，载誉而归。

受新冠疫情影响，2021 年，通过多种线上平台开展学生观看“航海慕课”课程、教师培训研修活动等，丰富了联盟校师生对“航创”特色项目的探索经历。

2022 年，组织参加“创造力培养项目”浦东实验区 2022 年暑期线上研修。9 月 29 日，由浦东新区“航创”联盟校承办的“勇立潮头‘航创’未来”——浦东新区“航创”联盟展示活动在澧溪中学成功举办。同时，鉴于本项目已届收官之年，在组织各校开展筹备相关展示活动的基础上，汇编了本书，比较全面地总结了这几年的探索成果，为“航创”联盟未来发展筑实了基础。

本书编写框架紧紧围绕“航创”专题和“综合课程”主题，分为七章。第一章、第七章分别指向项目探索的综述、对未来发展的畅想；第二～六章则为“航创”专题下各子专题的课程建设及实施情况，均由各联盟校提供素材，牵头校负责具体编写。这些子专题成果是依照“航创”综合课程体系方案进行编排，分别指向“航域—海洋”“航器—舟船”“航器—水下机器人”“航站—海港”及“航路—航线”。

最后，需要特别说明的是，本书项目的总策划即上海市教育委员会的高层指导、浦东实验项目的组织者即浦东教发院的统筹支撑，这都属于决策层面的坚实基础，在此谨致崇高敬意！

在项目推进过程中，我们得到了许多专家的指导，其中包括上海市教育委员会原副主任张民生先生、上海市教育委员会教研室“创课”项目专业指导管文川，还包括浦东教发院项目主管李军副院长等。这是属于引领层面的坚实基础，在此也真诚谨致以敬意！

“航创”综合课程的 7 所联盟学校领导班子和责任部门负责人，动员全校的相关力量参与本子项目的探索，是项目成果能够取得的重要关键。其中各校校长作用显著，故需要专此介绍：上海市进才实验小学校长赵国弟，上海市澧溪中学校长朱国花，上海市临港第一中学校长陆英，上海市北蔡中学校长朱海兰(前任)、史炯华(现任)，上海市育民中学校长柴建荣(前任)，上海海洋大学附属大团高级中学校长尤庆荣，上海海事大学附属北蔡高级中学校长马淑颖。这是项目管理层面的坚实基础，专此致以特别谢意！

成果具体梳理工作是由“航创”综合课程联盟的牵头学校上海海事大学附属北蔡高级中学党支部书记、时任副校长刘季青主持，并得到了各联盟校具体部门联络员的通力支持。这些联络员老师包括：上海市进才实验小学沈卓俊、上海市澧溪中学张玥、上海市临港第一中学李亚兵、上海市北蔡中学康樱、上海市育民中学张雪峰、上海海洋大学附属大团高级中学李青、上海海事大学附属北蔡高级中学赵冉冉等。这是执行层面的坚实基础，在此更要致以诚挚谢意！

由于编者水平有限，本书难以周全，更有不少遗憾。凡存在不足甚至问题，属于编者，特致以歉意。希望读者不吝赐教，以便纠正完善。

编者

目录

第一章　“航创”综合课程研究综述 …… 001
第一节　“航创”综合课程的新时代解读 …… 001
第二节　新时代综合课程的发展趋势 …… 004
第三节　“航创”综合课程的体系架构 …… 007

第二章　“航域—海洋”创课程模块 …… 015
第一节　小学“海洋天地”创课程 …… 015
第二节　中学“海洋生物”创课程 …… 024
第三节　高中“海洋科技”创课程 …… 030

第三章　“航器—舟船”创课程模块 …… 051
第一节　小学“邮轮研学”创课程 …… 051
第二节　初中“邮轮研学”创课程 …… 059
第三节　高中“邮轮研学”创课程 …… 069
第四节　“零碳船”模型设计与制作 …… 078

第四章　“航器—水下机器人”创课程模块 …… 084
第一节　初中“水下机器人”创课程 …… 084
第二节　高中“水下无人机”创课程 …… 097
第三节　高中“水下机器人”创课程 …… 118

第五章　“航站—海港”创课程模块 …… 125
第一节　船舶停港装卸的操作实验课程 …… 125
第二节　港口建设规划的设计实验课程 …… 130

第三节 模拟海运物流的游戏实验课程 …… 134
第四节 长兴岛上的物理课程 …… 139

第六章 "航路—航线"创课程模块 …… 147
第一节 "未来航海家"创课程 …… 147
第二节 "古今中外航海达人"创课程 …… 152
第三节 "海上新丝路"创课程 …… 162

第七章 "航创"综合课程的未来发展 …… 171
第一节 "航创"综合课程建设的时代背景新趋势 …… 171
第二节 "大成智慧学"展现大格局思想的启示 …… 176
第三节 "美美与共"课程互鉴共享的机制优化 …… 177

参考文献 …… 179

第一章　“航创”综合课程研究综述

第一节　“航创”综合课程的新时代解读

以“航创”名义构建综合课程，源于上海市教育委员会驱动的“创造力培养项目”。上海市浦东新区教育局承担了先行先试任务，成立了围绕“创教育课程”的四个联盟，“航海特色区域综合课程联盟”是其中一个探索项目。这一联盟是浦东新区推进区域特色办学效益提升辐射力，打造学校办学特色基础上的区域教育特色，为国家战略和区域发展服务。

一、“航创”因素对时代强国的逆向解码

“航创”概念是航海和创造力两者的组合。世界告别农耕时代进入工业化时代的历史经验告诉我们，一个国家和一个民族的崛起，往往建立在包括海洋在内的资源高效利用和创新能力强大基础之上。而中华民族的发展历史也告知我们，凡是一个真正的太平盛世，都是建立在走向海洋的开放发展和创新制造十分发达的基础之上的。新时代的中国，面临“民族振兴战略全局”和“世界百年未有之大变局”叠加的时势挑战，不可能缺少“航创”的支持。

有关学术界对世界强国的崛起迭代有不少研究成果，尤其是对15世纪以来世界诸强的兴衰规律解析，即依海而兴、靠“创”而强、守旧而衰，如图1-1所示。

其中，15世纪的西班牙和葡萄牙，就是在世界大洋新航道开辟过程中走上了兴盛之路。其代表哥伦布因为相信地球是圆的，在欧洲贵族支持下造船组队向西开航，去寻找马

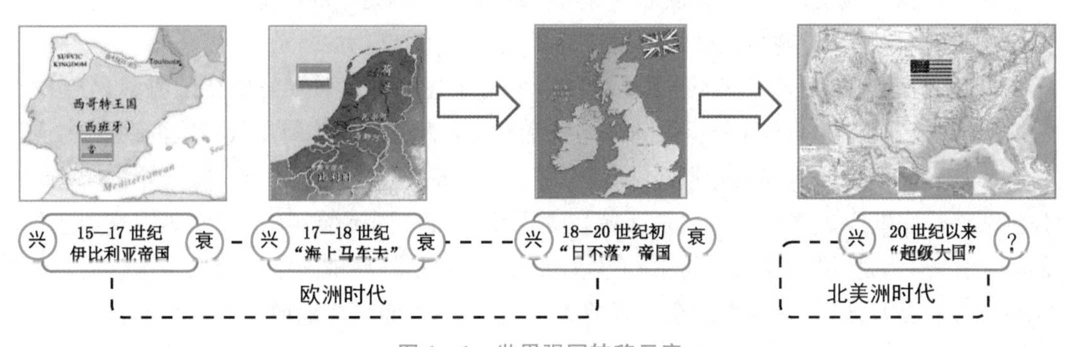

图1-1　世界强国转移示意

可·波罗到过的东方,结果成功开辟新航路,将西班牙推上那个时代的世界"强国"。而后走向衰落是因为其短视和懒政之果。西欧"海盗国"荷兰被称为"海上马车夫",其兴衰过程,基本与伊比利亚半岛的两个帝国雷同。

大英帝国的崛起固然与第一次工业革命有关,但其最终能成为全球强国却也离不开掌控海上霸权的催化因素。两者结合,就如"航"与"创"的互相照应,推动"日不落帝国"在全球称王称霸了近两百年。而在陷入两次世界大战的漩涡当中之后,这个帝国逐渐被另一个乘机靠武器发家的"同种人"所取代,在前者衰落的同时造就了后者的崛起,强国也从大西洋的东岸转移到西岸,世界经济重心由欧洲转移到北美洲。

美国称霸世界自第二次世界大战起,除乘机收纳了无数欧亚科技人才,推动其不断创新发展外,同时也无疑得益于其东、西面临世界两大洋的地理位置优势,航海的便利条件使美国的经济、军事贸易和舰船制造、海运同步协同发展,国家也不断壮大,特别是"冷战"结束以来,已成为世界唯一的超级强国。而随着中国经济和国力在改革开放四十多年来的快速增长,美国似乎感觉有"威胁"其霸权地位的趋势,在世界强国都有由盛变衰这种"周期律"忧虑情绪下,各种"制裁"手段一直是其用来遏制"世界老二"发展的不二选择,以保障其可以长盛不衰。但这种愿望是要接受历史考验的。

中国目前正处于国内发展和世界变化"两个大局"的节点上,中国成为世界强国的必然趋势已正在成为一种全球共识。20 世纪 40 年代,在中国抗日战争胜利之时,有一个"延安窑洞对话"的著名典故,民主人士黄炎培先生问毛泽东同志:"中国共产党能不能跳出历史上'其兴也勃焉,其亡也忽焉'的周期律?"毛泽东同志的回答是:"我们已经找到新路,我们能跳出这周期律。这条新路,就是民主。"如果移过来思考上述世界强国都走不出由盛变衰这种"周期律"的命题,中国是否也找到了可自信的答案?

中国的答案是,强而不会称霸,和而追求共赢,打造人类命运共同体,推进"一带一路"倡议发展落实。面向未来,就要将海洋强国意识和创新素养培育植入中小学教育,在对世界强国盛衰"周期律"逆向解码中找到教训和启示,使当下的综合课程开发与实施具有大格局、大视野的时代特质。

二、"航创"综合课程的新时代意涵

从中国新时代视角解读"航创综合课程",应聚焦三个关键词:航海(海洋)特色、创造力培育、综合课程。对这些关键词的意涵理解,有如下几点:

"航海特色",首先是国家海洋强国战略,我国拥有 473 万平方公里辽阔海疆,分布着 7 600 个岛屿,拥有约 1.8 万公里大陆海岸线和约 1.4 万公里岛屿海岸线;我国又是一个原料和市场外向型较明显的国际型经济大国,推进"一带一路"倡议是时代命题,走向深蓝是强国战略的主要组成部分。其次是区域发展需要,建设"国际航运中心"是国家交给上海的战略任务,也是"国际自由贸易中心"建设的配套;包括外高桥国家自贸试验区和临港国家自贸试验新片区,都是国家放在上海的战略项目,而与浦东在地域上的关系不言而喻。

"创造力培育",是时代转型对教育提出的课题,是社会进步和技术发展影响教育改革的必然命题。所谓“创造力”，是指“产生新思想，发现和创造新事物的能力”。这是人类特有的一种综合性本领——由知识、智力、能力及优良个性品质等复杂多因素综合优化构成。培养学生的创新精神和创造能力，是适应智能化社会对未来公民的一种基本素养要求，是振兴中华的教育担当和使命。

“综合课程”，在指向“航海文化”的综合层面，是对于“海洋文化”“大陆文化”“海岛文化”的综合，涉及海域、港口、航线、舟船等多种要素，还涉及科技、人文、贸易、工程、军事等不同领域。同时，课程流派昭示如何将学科中心和经验中心、理论中心和社会中心等相融合。课程的实施形态如何实现线下和线上兼顾，也是一种当代要求和未来趋势。这为课程体系设计提出了基本方向和思路，需要从多个维度来体现课程的综合特征。

整合上述三点解读，可借助图 1－2 表示。

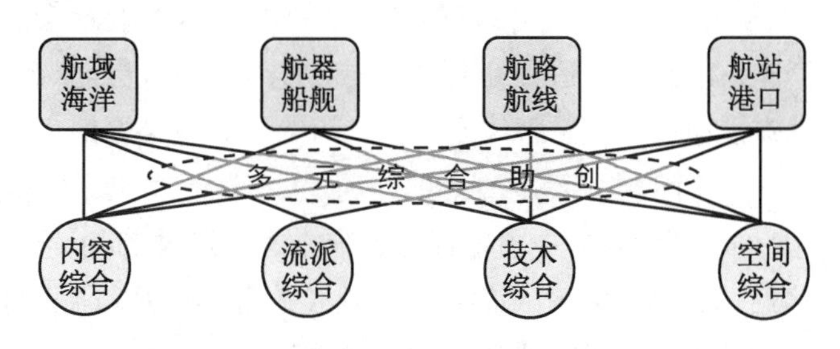

图 1－2 “航创”综合课程意涵解读示意

三、发挥“航创”综合课程育人功能的设想

“航创”综合课程育人功能发挥，必须要在“综合”上做足文章。前面对于“综合课程”的界定主要在课程本体视角下，将在后续作更深入阐述。这里从育人视角，更需要在“育”的渠道、方式、资源等多方面入手来设想预期。

打造“跨校区”的主题共享育人之道。组成“航创特色区域综合课程联盟”的成员学校有 7 所，围绕“海”的大主题分别有“海洋”“航海”“水下机器人”“海洋生物”“港口”等大小不同的特色主题。将校本特色作为联盟共享资源，就可以为不同学生提供跨学校、跨学区的“航创”探索渠道，整体提升联盟各校的育人效益和特色辐射效益。

打造“跨学段”的生涯导向育人之链。“航创特色区域综合课程联盟”学校纵向涉及小学、初中和高中三个学段，在“航创”的共同育人理念下，对内可以建立跨学段的学生专题社团，对外可以扩展每个学段各校的横向影响力和关系网而建立专题论坛，从浦东新区的“区域”视角，使对“航创”兴趣特长学生拥有学段贯通的培养链，夯实可持续发展的基础。

打造“跨业界”的资源拓展育人之境。基于“航创”主题的广域意涵，这类人才的培养需要有开放的多元学习空间与环境，需要走出狭义的基础教育领域，将目光拓展到诸如相关大学、企事业单位、科普场馆、研究机构等，盘活这些不同领域在学习空间、设施设备、专业人才等各方面的资源优势，形成“社会大课堂”育人模式，构建航创专业育人大环境。

这种打造的核心需要围绕特色主题的育人目标展开统筹设计，需要纳入课程的基本要素来架构成一定的系统。为此，课程层面的理论引领也是本项目能提升品质的一个关键，需要深究并借鉴。

第二节 新时代综合课程的发展趋势

课程的背景是教育，什么样的教育决定什么样的课程。教育的未来趋势，是许多教育界学者当下的研究重点。教育部教育发展研究中心鞠光宇认为，当前的世界教育主要呈现七个重大趋势：从数量到质量、从标准到个性、从人工到混合、从经验到科学、从单向到双向、从学校到合作、从知识到能力。依据是随着人类社会从工业社会向信息社会迈进，标准化、规模化教育体系已经不能适应社会的需要，许多国家都已经意识到教育环境的重大转变，积极采取措施推动教育体系整体变革。腾讯前副总裁吴军博士认为，中国教育不在于压得太紧，而是有三大问题：第一个问题，学得"太窄"，基本上是"课本上的教育"，在技能以外却教得太少；第二个问题，中国教育的思维方式太绝对，都带着一个寻求"标准答案"的思路在学习；第三个问题，把考试成绩和一时成败看得太重，即所谓"要赢在起跑线上"。这三个问题需要在面向未来的教育改革中加以解决。

我国老一辈著名科学家钱学森先生晚年对教育发展问题可谓情有独钟，以深切的情怀和担当提出许多教育改革的方向性建议。在《集大成 得智慧——钱学森谈教育》一书中，钱老指出："人的智慧是两大部分：量智和性智。缺一不成智慧！此为'大成智慧学'。"所谓"大成智慧学"是以辩证唯物论为指导，利用现代信息网络、人—机结合以人为主的方式，集古今中外有关信息、经验、知识、智慧之大成。为此，要将逻辑思维的"量智"与形象思维的"性智"集合起来培育学生，回应未来世界的挑战。跨学科、跨领域的综合课程就是一种回应。

将"综合"这一"后现代"课程发展趋势融入本项目，可有以下四个方面的趋势。

一、关于内容的综合趋势

在课程内容综合方面，美国的经验值得参考。美国的综合课程改革注重追求多元价值统一为前提，从学科内整合、学科际整合、跨学科整合、超学科整合等层面出发，构建多层次、立体化的综合课程体系，并孕育出社会科、STEM、21 世纪主题等多种有代表性和影响力的综合课程形态。

与"航创"相关联的课程内容综合，应更需要借鉴"跨学科""超学科"整合的层次思路。但对整合的源头思考和方向策略，要在对不同方案的比较中深化认识。这种不同主要是两个：其一是从单学科走向跨学科，以法国在中学实行的"跨学科研究"为代表，这个模式是要求两个不同学科的教师为一个学习团队(2～4 位学生)提供跨学科内容的一个课题，同时予以不同学科的全程指导与综合评价[见图 1-3(1)]；其二是从某个生活或其他真实情境中产生的问题，需要不同学科共同来解决，以美国的"核心问题"项目课程为代表，与前者正好是反向生成[见图 1-3(2)]。

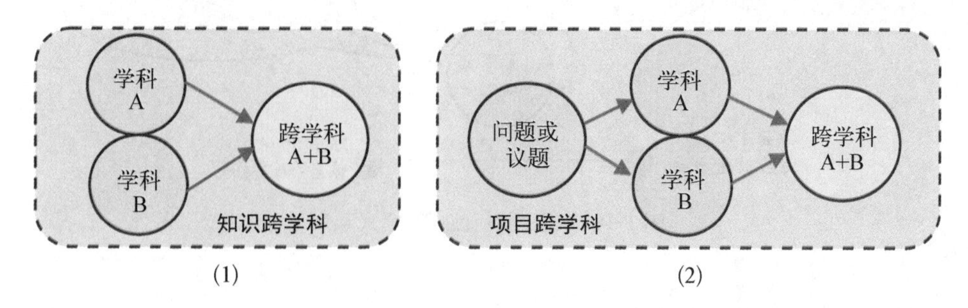

图 1-3 跨学科综合的不同生成模式

对于"航创"综合课程的"航创"内容特点，在上述两者生成模式中，一般应该选用后一种更为合理。因为"航创"的许多内容主题是源于真实的问题，具有情境的项目化特征，根据项目主题所展示的问题，选择相关的学科支持学习。更需要的是对学科的数量进行开放，可以运用类似"STEM+"的模式，来构建航创主题的综合课程。

二、关于流派的综合趋势

这里的流派是指主张的课程理论不同而形成。课程发展对传统理论的兼顾，已经成为后现代课程建设基本趋势。课程理论的传统流派主要有三个：知识中心、经验(儿童)中心和社会中心。三者基于不同视角，指向不同功能。

"知识中心课程论"主张传承前人的文化遗产为本，将前人的经典知识分门别类组合编制成课程，由教师传授给学生。这一课程流派主导了中国近现代以来的学校课程建设工作，其最大的优点是单位时间学生学到的知识较多，即时效率很高。"经验中心课程论"的主张正好与前者相反，认为前人文化太多，选择也有一定难度，故主张将学生的直接经验取代前人的间接经验，让学生自己去体验学习的全过程，得到真实的经验，学会自主建构知识概念，立足点在学生即儿童，也称为"儿童中心课程论"。其优点是"做中学"而使学习能力得到提高，缺点就是效率低。"社会中心课程论"基于教育都是将一个个自然人转化为社会人，就主张按适应社会需要编制课程，就有点类似职业教育的课程或科目，不去关注历史文化遗产的传承，也不去关注学生的个体需要。

但在经过实践比较后，主张综合流派的学者感到各取所长、优势组合的综合课程可能更符合各方面需求。上海在 20 世纪八九十年代的课程改革试验时，就是按综合流派的思路进行课程编制，并提出了"素质中心"的"三角形"综合理论，如图 1-4 所示。

在 21 世纪初以来的课程改革发展道路上，对课程综合趋势日益明朗。美国的路易斯安那州立大学课程与教学系教授多尔提出的"后现代课程观"，创造性运用混沌学、过程哲学等思潮，提出以"丰富性""回归性""关联性""严密性"为标志的后现代课程设计理念。

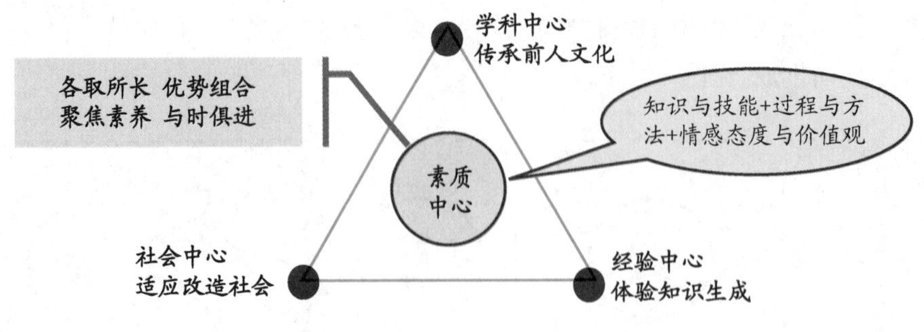

图 1-4 “素质中心课程”模式示意

三、关于技术的综合趋势

在课程实施环节,技术因素对教育教学效益具有巨大影响。这里的技术主要是指教学媒介的质量水平,深受全球的技术革命影响。目前的时代特征就是数字化,对学校课程和教育教学既是机遇又是挑战。事实上,大数据所承载的资源的确需要运用技术开发利用,而这种技术都属于多元与综合的。

如何把握当代科学技术革命所带给中国的挑战与机遇,如何通过变革来推进学校课程的建设,这是个决定当代和影响未来的大命题,全球信息化无疑是最大的“变局”因子,科技创新是最大的推动力。用一些科技战略学者的观点,包括教育在内的中国发展新机遇就是“互联网+”和“信息化 2.0”技术带动的“数字化转型”。“互联网+零售”=阿里巴巴、“互联网+图书馆”=百度,都是成功案例;“互联网+工业”的“工业 4.0”和“互联网+医疗”也正在飞速前行。而“互联网+教育”的一度迷茫与落后,却成为著名的“乔布斯之问”。当前信息时代的主要特征“大”(数据)、“快”(5G)、“云”(备份)、“移”(动态)对教育教学的影响,必将成为未来学习的“能源”,而且能彰显对“有教无类”“因材施教”“个性化教学”理念落实的机能与情怀的支持。学校课程的设计与实施都将无法背离这个趋势。中国的学校教育发展,在课程建设上需要有这种抓机遇、促转型的智慧。“航创”综合课程的价值,就在回应国家大局和尊重不同学生长远发展双向需求之间的时代命题,将综合技术纳入其中,就具有一定的前瞻性。

相比较,将前瞻性理念落实到“实物”或实践更具有意义与价值。对此一个做可行和评可测的方略,就是针对“航创”课程实施要求,在技术平台+技术资源+技术创新等兼顾各方面创设一种综合新样态,影响甚至引领新时代课程建设的新方向。对于技术平台,可选择诸如 QQ、晓黑板、清北网校、腾讯会议、B 站、钉钉等各种不同功能的平台,便于综合课程的开发与实施运作。对于技术资源,这里主要是指可在平台上指导运作的各种技术软件,也支持联盟学校能运用其在平台上自如地下载或上传各种课程实施的成果或问题。对于技术创新,是指利用或借助诸如 VR、AR、MR 等虚拟智能技术,使课程实施过程具有更生动形象的情境,让“航创”综合课程体现无穷的魅力感。

四、关于空间的综合趋势

对于“航创”综合课程实施的要求而言,班级制下“教室”这样的常态课堂学习空间显然是不够甚至不理想的，以海洋文化和航海文化为主题的“创新实验室”是不可或缺的一种学习空间，同时充分发挥校园环境作用，包括在走廊和室外利用一些立体空间创设“航创”专题特色文化，成为一种开放的学习空间，也是对课程实施条件的有效配置。为此，学校内学习空间的综合利用，是“航创”课程在学习场所布局上一种十分必要的实施资源。

因为“航创”综合课程具有跨学科和项目化的基本特征，在综合不同的课程理论流派的建设思路下，学习空间在育人功能转型方面也会遇到新课题，如重视基于问题及其解决的探究性学习，借鉴以往的“道尔顿制”模式布局改造，不失是一个考虑。“道尔顿制”的功能分解组成如图 1－5 所示。

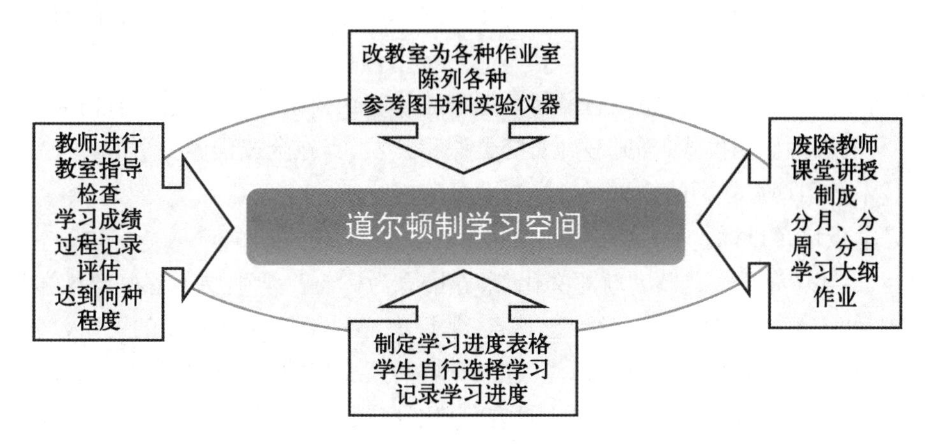

图 1－5 “道尔顿制”学习空间功能结构

而有效实施“航创”综合课程，在学习空间上只有校内综合还不够，还需要将空间拓展到校外。与上海作为国际航运中心的地位相匹配，这类校外社会性的学习空间也确实是十分丰富的，都需要纳入本课程实施的学习空间和环境中。

与“航创”相关的社会大课堂即学习空间，类型多、资源广、品质高。类型上，有符合“航创”主题的相关博物馆、大学研究所实验室、海洋航运科研单位、有关企业等；资源上，有相关科普书籍、实验设施设备、专业指导教师、探究项目等；品质上，有诸如中国极地研究所、中国航海博物馆、上海科技馆（含三个馆），以及上海海事大学、上海海洋大学等。当然，在正式纳入“航创”综合课程体系中，还需要有针对性选择与优化。

第三节 “航创”综合课程的体系架构

“现代课程论之父”拉尔夫·W. 泰勒（Ralph W. Tyler）于 20 世纪 40 年代提出“课程编制的原理”，明确课程应有四个基本要素：一是确定教育目标，二是选择学习经验，三是组织学习经验，四是评价结果。简言之，即目标、内容、实施、评价。

一、关于“航创”综合课程的课程纲要

1. 指导思想

根据项目联盟成员组成和对本综合课程特性理解，“航创”综合课程建设要从内容多领域、学段全贯通、要求分层次、技术重智能、管理有协同等方面体现“多元综合”特质，并且通过共商、共建、共享、共管的过程，形成联盟课程的运行机制和特色创建的研究共同体。

2. 课程目标

一是课程建设目标。在突出“航创”特色背景下，形成多种“主题-专题”系列的综合课程体系；在课程开发中形成联盟课程研发机制；在课程实施中形成特色课程群迭代提质机制。

二是教师发展目标。围绕“航创”特色课程建设和全要素优化，打造一种跨学段、跨学校、跨学科的教师研修模式；提升教师对综合课程开发、实施全过程体验下的专业能力；伴随现代技术运用培育教师的全天候教学专业素养。

三是学生培育目标。

总目标：以“海洋文化”和“航海文化”素养培育为标志。学生要了解海洋科学与技术知识基础，知道海洋科学跨学科的综合特点，掌握海洋科学对人类发展的关系，增强对海洋环境保护紧迫感与责任感；感受海洋大气、宽容的人文精神；具有“宽厚开放、同舟共济、开拓创新、拼搏进取”的航海精神，成为具有“自强、坚毅、合作、创新”品性符合新时代发展要求的“现代弄潮儿”。

分学段目标：小学阶段主要是兴趣激发，结合海洋主题教育活动，在形成“学习能力”的观察意识、观察方法方面有相应提升；“探究能力”的关注变化、发现差异方面有提升；“动手能力”的实践操作、“我能我行”方面有提升；“表达能力”的搜集素材、科学宣传方面有提升。初中阶段主要是对探究经验积累，结合海洋主题探究，初步掌握专题阅读与分析能力；借助与海洋文化“科创课程”和相关项目化问题(PBL)探究，在体验中逐步形成基础创造力；通过走进校外专题教育场馆和科技专业人士来校等途径，拓展海洋科技与文化视野并提升综合实践能力。高中阶段主要是对海洋和航海问题发现与探究下的创新素养培育，可对照上述总目标，在“知、情、意、行”几个方面落实在海洋文化和航海文化素养等要求到位，养成联系真实的生活情境而迁移致用等深度学习意识与能力。

3. 课程结构体系

根据课程理解、指导思想和目标指向等要义，在联盟校现有特色课程基础上，遵循多元综合架构原则，不同内容领域主题(模块)组成综合课程群，随着不同学段螺旋上升。“航创”特色综合课程的结构体系如图 1 - 6 所示。

4. 课程设置

依据上述“航创”综合课程分主题系列、按学段实际的策略，课程设置需要照顾和体现联盟学校个性，也要为领域内容贯通共享和对外辐射影响筑实基础。

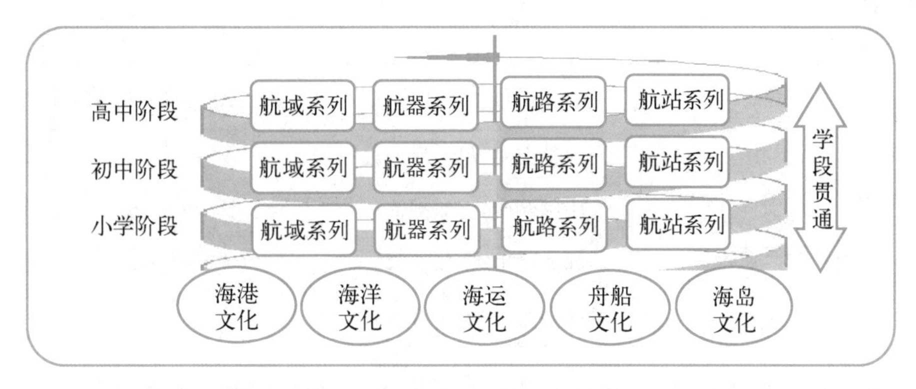

图 1-6 “航创”特色综合课程的结构体系

说明：与“航海”相关的主题包含有“海港”“海洋”“海运”“海岛”“舟船”等，可将之梳理为“航域”(海洋)、“航器”(舟船等)、“航路”(海运)、“航站”(海港、海岛等)这四个系列。小、初、高不同学段都可以在这四个系列中开发相应的课程，能够实现联盟共建学段贯通的指导思想，以支持航海特色与创造力培养的主旨要求。

小学阶段，作为联盟校之一的进才实验小学，以“海洋天地 5×4”思路来设置课程，将之归为“探究型课程”来落实“创造力”培育要求。所谓“5×4”是指贯穿 5 个年级(全学段)，每个年级均有 4 个海洋文化主题，每个主题均含有 4 个科目或项目，均能分别归属不同系列。例如，一年级的课程设置如表 1-1 所示。

表 1-1 “海洋天地 5×4”探究型课程设置

年级	主 题	项 目 名 称	能 力 培 养
一年级	新知篇 海洋小秘密	《中国海洋，在我心中》	学习能力—— 观察意识，观察方法
		《西沙群岛，美丽富饶》	
		《深海之最，马里亚纳》	
		《海底石油，能源开采》	
	探究篇 海洋小问号	《长寿海龟，衣食住行》	探究能力—— 关注变化，发现差异
		《海滩植物，椰林探秘》	
		《加勒比海，水底城市》	
		《海洋之鱼，千姿百态》	
	行动篇 海洋小实验	《海水晒盐，我能我行》	动手能力—— 实践操作，我能我行
		《海洋贝类，标本制作》	
		《美丽沙画，自由畅想》	
		《多彩纸船，魅力之手》	

续 表

年级	主 题	项 目 名 称	能 力 培 养
一年级	宣传篇 海洋小使者	《守护海滩,尽心尽力》	表达能力—— 搜集素材,科学宣传
		《中国骄傲,古船浏览》	
		《临海城市,青岛大连》	
		《爱护海水,人人有责》	

初中阶段的课程设置同样能符合主题系列要求,而在覆盖度方面可以考虑学校的个性。如联盟校之一的临港第一中学课程设置如表 1-2 所示。

表 1-2 “海洋文化”项目化课程设置

统 领 思 想	借 助 项 目	课程设置案例
“海洋文化”课程建设	区创新素养培育实验校项目、区科学家进校园项目、“馆校合作”项目等	《科考在南极》 《旱地冰球》 《帆板》 《STEM 水下机器人》

此外,学校还有“家长课程”,设置有“环南极洲的奇妙之旅”“国家安全与船舶护航”“海洋渔业权益维护”等系列课程。

高中阶段结合上海市特色普通高中项目,本联盟的大团高中在“海洋文化”特色高中创建中设置有“海洋百问”系列课程(见表 1-3),也可与联盟课程体系对接。

表 1-3 大团高中“海洋百问”拓展型课程设置方案

已完成开发科目	待 开 发 科 目
《生命摇篮——海洋文化概述》 (综合限选话题)	《海天气度——海洋文学诵读》 (语文自选话题)
《生存竞争——海洋生物奇观》 (生物自选话题)	《海洋法规——海洋权益解析》 (政治自选话题)
《海底世界——海洋地貌探奇》 (地理自选话题)	《海上风云——历史海战分析》 (历史自选话题)
《面向未来——海洋事业开发》 (化学自选话题)	《大海航行——海洋动力问答》 (物理自选话题)
《蓝色风韵——海洋艺术鉴赏》 (艺术自选话题)	《水上竞技——走近海洋体育》 (体育自选话题)
《大海咆哮——海洋灾害预防》 (地理自选话题)	《冰雪昼夜——极地海洋考察》 (地理自选话题)

大团高中的上述这一特色课程设置，是注重“学科拓展”的指导思想，以海洋为主要对象，即“航域”为主，兼顾其他，具有“航创”特征，彰显学校特色。

5. 课程内容设计

课程内容是编制课本的主要或核心部分，基于“航创”的联盟课程内容，既要根据航海文化、蓝色素养的特色出发，更要从育人视角有大格局。其单元或模块设计，都要包含“教育思想”“学习过程”“核心概念”等基本要素，还要符合“背景动因”和“目标引领”的要求。

例如，北蔡高中的“航海文化跨界探索”课程内容设计。

背景动因

全球经济一体化正在成为各国发展的重要因素，世界航海与贸易事业由此而得到高速发展。回顾中国航海历史的发展和航海科学技术的进步，展示中国航海和航海科学技术的现状和前景，弘扬爱国主义和科学精神，激励学生为实现中国从海洋大国、航海大国向海洋强国、航海强国转变而努力学习，有其重要的现实意义。同时，拓展学生的航海文化视野，体验航海文化的多元和丰富；增强学校航海文化特色内涵建设，积累航海教育资源，进一步提升学校特色建设层次。

目标引领

含“学生学业目标”“教师发展目标”“课程建设目标”（略）。

内容框架

模块设计内涵要义

模块名称	教育价值	学习过程	核心知识
国情与责任 ——走向深蓝使命担当	明确广阔富饶的海洋国土重要意义，建设海洋强国的责任	体验图像信息的分析方法，尝试相关因素得出科学观点的推理方法	海陆分布大势对国家发展的影响；发展远洋航海事业对我国的意义
规则与践行 ——中外航海法理探微	明确国际航海法规的作用，海事判决及其执行对规范航海行为的意义	感受文献研究与整理的基本途径，尝试在某个主题背景下辩论的方法	海洋法规的基本组成及其类别；运用法规处理海事的要义
发现与理解 ——国际航海史观辨析	以航海历史反映东西方航海观念的不同；展望航海史观的今后走向	感受文献研究与比较的基本方法，体验以编报等形式展现观点的过程	航海史事及其对人类社会的启示作用；不同的航海动因与观念
向往与奉献 ——世界航海达人观照	时代造就航海达人，明白航海人的成长因素及其社会贡献	感受对专题人物研究的经验过程；学习人与社会互相作用的解析方法	著名的世界航海者及其特别的经历；不同航海者的社会贡献
奋进与合作 ——中华航海精神解读	明确远洋航海需要的拼搏精神、合作精神和目标追求的执着精神	学习对人类精神层面的分析方法；体验以数字技术反映感受的基本要求	航海精神与中华航海精神；航海精神对学习生活的启示影响

续 表

模块名称	教育价值	学习过程	核心知识
鉴赏与创生 ——航海艺文情感体验	明确文艺作品对反映航海文化的特殊作用和精神价值,并乐于接受航海文化	学习以审美角度研究航海文化;体验运用演讲方法展示观点的方法	与航海文化相关的文学艺术作品;文艺与航海文化的血肉关系
敬畏与和谐 ——航海生态文明感悟	明确人与海和谐发展的生态价值,对海洋文明正确观念的树立	感悟自然规律与社会需求之间的矛盾统一关系;梳理建设航海文明经验教训	海洋文明、航海文化与生态文明的关系;建设航海生态文明的意义

北蔡高中这一课程的内容设计,更注重的是育人价值因素,突出的是目标导向,具有一定的启示价值。

再如,大团高中"海洋百问"之一的"生存竞争——海洋生物奇观"课程,在内容设计方面,采用"单元"问题形式,同样具有较佳借鉴价值。

课程内容框架设计

课程内容按话题设计,话题以单元命名,分为八个单元,各单元有一个探索性的话题,各自相对独立。

单元 1

"海洋生物量比陆地还多吗?"——探索海洋生物的数量特征

("生物量"观点、"生物量"海陆比较、"海洋生物量"估算等)

单元 2

"海洋动物界也有'族谱'吗?"——探索海洋动物界的组成

(海洋动物的分类特点、各类海洋动物的特征、特殊的海洋动物等)

单元 3

"海洋植物是怎样生存的?"——探索海洋植物的生存特点

(海洋植物的类别、海洋植物生存条件、特殊的海洋植物等)

单元 4

"海洋生物随水深会变化吗?"——探索海洋生物的垂直分布

(海洋生物生态域、浅海生物与深海生物、不同层次海洋生物的生存特征等)

单元 5

"不同海域的生物都一样吗?"——探索海洋生物的地域差异

(海洋生物的分布、著名的海洋生物集聚区、同类海洋生物的海域差异等)

单元 6

"谁解海洋生物的前世未来?"——探索海洋生物的历史演变

（地质时代的海洋生物、人类历史上的海洋生物、海洋生物的进化等）

单元 7

"海洋生物能'和平共处'吗?"——探索海洋生态系统的特征

（海洋生态系统的特征、海洋食物链与生存竞争、海洋的生态平衡等）

单元 8

"人与海洋如何实现和谐发展?"——探索海洋与人类的关系

（海洋资源的开发利用、海洋环境的污染问题、协调人海关系的策略等）

各单元或话题自成模块，没有必然的前后衔接关系。

课程内容应该体现主题要符合"航创"特色主旨思想，内部结构要按照单元或模块组合，不同单元或模块可以规定不同的学习要求，但必须体现教育的本质意涵，遴选具有典型意义的知识，符合教学基本规律。可参考教育部颁布的学科课程标准中的"内容标准"设计方法。

6. 课程实施建议

课程实施环节鼓励自主创新，主要有以下三个要点。

1) 关于课本（即学材或读本）编写

基本按联盟校的特色要求。例如，大团高中《海洋百问系列》提出的要求。

总篇幅：可以根据课时规定或领域特点，如按每单元模块 8 000—10 000 字计，总共 60—80 页，一般在 7 万—8 万字左右。

栏目设计：根据课程性质和教学理念，可以有"内容主题""基本学习目标""案例解读""问题探究""资料参考""我的研究"和"体验交流"等；也可以有"探索目标""E-学习指引""主题阅读""观点归纳""拓展视野""小小实验""编织思维网""总体梳理"和"自测自评"等，供参考。

版式呈现：文本应注重图文并茂：以图带文，以文释图，图文相融。1/16 开本；同时建设电子版（视频）、网络版。

风格特点：以学习任务驱动，注重过程学习，以情境问题探究、观点交流来引导学生主动建构和掌握核心知识、基本概念。要注意"目标、内容、形式、作业、评价"等方面的一致性。

2) 关于教学组织

根据不同学校对课程性质定位，如属"校本特色限定拓展课程"（校本必修），可以按教学班组织教学。单元模块之间应没有必然的前后衔接关系，所以对教学程序处理，可根据学生兴趣或教师意愿自行决定，如属"自选校本特色拓展课程"（自主选修），可以按走班制组织教学。对单元教学程序的选择，可根据学生或教师的意愿处理，单元之间前后衔接关系根据设计意图。

每个单元基本课时把握按照总课时设计要求分配，对没有完成内容或作业，可留作自主拓展的选择性学习材料。

教师对教学须备课，要有教学设计；也可在通过联盟校组织集体备课，基本教案可工具实际情况在联盟平台或校园教学网络上下载。

3）关于教师培训

途径之一，由联盟或学校邀请与航海、海洋学科相关专家作学术报告，实现专业引领。

途径之二，通过联盟或学校邀请教学研究方面专家，借用实践论坛、现场教研、网络教研、项目研究等方式落实教师培训。

途径之三，在课程实施过程中，注意积累教学经验，逐渐形成培训的视频课程，开展不限时空的线上培训。

7. 课程资源

这里所谓课程资源不包括专业指导性质的资源，主要是物理、化学的实物资源、专业的空间资源和社会专题教育资源，对课程建设与实施均可提供支撑。

物理、化学的实物资源主要包括基本教案、教学课件、影视资料、专业图书、其他教具与学具等。

专业的空间资源是指学校完善航海（海洋）特色创新实验室、建设并投入使用的虚拟网上航海博物馆等，解决基本教学所需。

可利用的社会专题教育资源包括中国极地研究所、中国航海博物馆、航海医学科技馆、海军上海博览馆等，需要建立与这些社会专题教育资源有互动联络机制。

8. 课程管理与学业评价

1）课程管理

根据课程性质，一般属于学校限定拓展（校本必修）课程范畴，按教学班组织教学，每位学生都要修习；如有学分规定，则修习完可以给予1个学分。属于自主拓展、研究（选修）课程范畴，可实施走班或社团管理办法，也可实施学分管理。

2）学业评价

可按日常作业完成情况，对作业有投入的态度，参与度高，课内的作业有70％能够完成者，即可算完成本课程学习。对作业完成较好，有些创意者，可给一定的奖励（即档案袋评价方式）。学生学习经历和结果可纳入"综合素质评价"范畴。

二、关于联盟校的"航创"特色课程建设

对"航创"联盟各学校的特色课程建设，要做到以下三点：

第一，要盘活存量。将原有特色课程再针对"航创"主题要求进行提升完善。

第二，要开发增量。创建新主题，进行符合课程层面要求的全面开发和系统实践。

第三，要提升质量。按照"泰勒法则"要素要齐全，内容针对目标逻辑一致，实施途径、环节、流程明确合理，评价设计对照达标要求做到可测可信有效。

这些课程建设要求应该是联盟校的共同理念。

第二章　“航域—海洋”创课程模块

第一节　小学“海洋天地”创课程

进才实验小学是由北蔡高中领衔的“航创”联盟校中唯一的一所小学。结合海洋文化教育活动，提升学生的观察能力、表达能力、探究能力和动手实践能力，是进才实验小学致力于促进“创造力培养项目”有效实施的初心。

学校的《“海洋天地”项目化研究和实施》项目紧密围绕开发《海洋天地》校本课程读本，开设“海洋天地”校本课程，布置海洋校园文化，开展海洋教育实践活动等，在全校师生中全面实施海洋文化教育，切实推进了项目化课程“进学校、进教材、进课堂”。

一、项目简介

海洋浩瀚博大、神秘多姿。海洋是个聚宝盆，不仅孕育了生命，还为人类提供了丰富的石油、天然气、矿物质、食物等丰富的资源。伴随着科学技术的飞速发展，人类迎来了开发海洋、利用海洋的新时代。

党的十八大明确提出“建设海洋强国”目标，海洋教育已成为提升为一种国家意识和民族精神的重要载体。近期教育部提出并强调了学生核心素养培育的重大命题，其中学生科学素养培养和担当社会责任等是重要内涵。本项目化课程建设，与党中央提出的“海洋强国”目标和“海洋教育”宗旨、“核心素养”内涵相呼应。

上海是我国乃至世界的特大型沿海城市，正在努力创建国际航运中心。海派文化中的诸多元素与特质浸润了海洋文化，催生了博大宽广、海纳百川、开放创新的城市精神。而地处浦东新区的学校，更能直接或间接感受到海洋文化的丰富多彩。这些都为本项目化课程建设带来得天独厚的优势。

学校已在多年的项目化课程建设中，开发了一系列颇具学校个性的系列探究型课程，教师更多地成为学习情境的创设者、组织者和学生学习活动的参与者、促进者。学生更多地采用自主、合作和探究为主的学习方式，在能动的学习、体验中习得知识、培养学能和陶冶品行。其中的要素和范式显然具有迁移价值。

学校校重视海洋项目化特色课程的建设，已经在海洋文化建设方面有积累性的实践行动。在环境建设方面，各个楼层均有大型观赏鱼缸，校园内有不同规模的养鱼池及“海洋天地文化墙”；在学生认知方面，学校聘请仁度海洋公益中心的志愿者老师进校互动指导，定期在科技活动周中开展海洋专题活动,邀请海洋科普专家和"雪龙号"船长来校开展讲座,每学期以年级为单位参观海洋科普馆等。据此,学校被浦东新区海洋局命名为"海洋基地学校",在科学教育、科技活动方面积累了比较丰富的实践经验,有利于海洋课程的建设。

二、项目设计的基本要素

1. 明确培养目标

(1) 带着兴趣和好奇去观察关于海洋的事物和现象,在阅读与听讲、参观与调查、交流与思辨中学习海洋基本知识,了解海洋的基本面貌,感受海洋文化的无穷魅力。

(2) 以分年级、分主题项目化探究性学习为主要方式,培养学生自主学习、合作探究、信息选择、归理和实践创新等能力,推出一批探究成果,提高教师的项目化课程的开发与实施能力。

(3) 在认识、了解海洋的探究过程中,建树学生的"海洋精神"和"保护意识",培育学生的核心素养。

(4) 探索校园文化建设和校本课程整合的途径和方法,以"海洋文化"项目化探究为依托,深化海洋文化内涵,促进学校特色建设。

2. 课程功能定位

根据国家颁布的《中国学生发展核心素养》中提出的文化基础、自主发展、社会参与三个方面,综合表现为人文底蕴、科学精神、学会学习、健康生活、责任担当、实践创新六大素养,又细化为 18 个基本点。而学校《"海洋天地"项目化研究和实施》综合创造力实践项目课程,就是对其中"人文底蕴、科学精神、学会学习、实践创新"的一种赋能与增能的教育。

3. 正视问题驱动

当下,我国民众的海洋意识相对薄弱,对海洋知识、海洋工作的了解和关注度严重不足,国民海洋意识教育仍处于初级阶段。人无远虑,必有近忧。在小学生中积极培养关注海洋生态、热衷海洋科技、传承海洋文化、勇于探索创新,是当前教育改革中不可或缺的教育举措之一。

对于项目化活动主题的选择与开发、过程性的实施与指导、学习方法的运用与提升、项目成果的总结与交流,都有待进一步的行动深化与经验总结。

4. 细化学习子任务

学校细化学习子任务如表 2-1 所示。

表 2-1 项目化学习主题设计

年　级	项目化学习主题
一年级 项目化学习主题	《长寿海龟,衣食住行》《海滩植物,椰林探秘》 《加勒比海,水底城市》《海洋之鱼,千姿百态》
二年级 项目化学习主题	《企鹅家族,异同报告》《海底菜园,人类之友》 《夏季台风,源自哪里》《海洋之兽,人类朋友》

续 表

年　　级	项目化学习主题
三年级 项目化学习主题	《明星博士，聪明海豚》《海洋藻类，氧气之母》 《潮涨潮落，追根溯源》《海洋之鸟，伴海而生》
四年级 项目化学习主题	《海底龙宫，虾兵蟹将》《世界海洋，地形探秘》 《海底高山，大洋海岛》《海洋光缆，连接世界》
五年级 项目化学习主题	《海洋恐龙，巨霸蓝鲸》《海啸成因，预报策略》 《海洋板块，大陆板块》《海底隧道，科技之旅》

5. 预设成果

以学校为突破口，以社会资源的整合为切入点，通过对小学生开展切实有效的项目化海洋研究教育，以丰富多彩的活动，进行多元联动，将创新融入当下的教育，在潜移默化中通过学校、社会、家庭进行科技教育，成为开展全民海洋教育的有力抓手与有效捷径。

充分利用学校的资源与凝聚力，通过学校与家庭乃至社区联动，组织各种形式、各种规模的活动，让海洋创新教育走出教室、走出学校；通过小学生的展示、研讨、宣讲，真正走进民众心中，拓展海洋教育的领域，实现“海洋天地”普及教育与实践创新。

“海洋天地”项目化综合课程，将海洋、地理、气候、社会人文等多方面的内容有机地融合在一起，组织多种海洋文化创新探究活动，倡导人人参与，综合发展。学生在海洋文化的学习中习得知识、提出问题、展开研究，发展兴趣爱好；敢于质疑、勇于创新，逐步提高探究能力和培养科学素养，整体营造一种学生认知海洋、探索海洋、利用海洋、爱护海洋的文化探究氛围。

“海洋天地”项目化综合课程创造力的实践，从探究海洋奥秘、学习海洋精神、保护海洋资源这三个方面体现课程目标的精髓和学生核心素养培育的要义。探究海洋奥秘是从认知方面而言的，认知的方式是项目化、探究性、创新学习，对小学各年级学生而言将围绕40个主题开展较深入的探究活动；学习海洋精神是从体验方面而言的，借助探究性学习活动，使学生潜移默化地感受浩瀚博大、海纳百川、开放创新的海洋精神；保护海洋资源是从行为方面而言的，课程学习的根本目的在于热爱海洋、保护海洋，长大后为人类的生存、繁衍、福祉献计出力。

6. 评价设计

项目化课程评价的目的旨在了解学生的学习情况，为学生和教师提供教与学的效果反馈，从而为教学的改进、优化提供事实与价值判断的依据。

1) 评价内容

在对学生的学习活动进行评价时，要关注学生的学习品质，主要体现在学生的主体性行为表现、参与度、合作度和创造性行为表现上，所以在评价时着重关注以下几个方面：

(1) 对科学探究表现出强烈兴趣。

(2) 主动完成探究有困难不放弃。

(3) 探究中能尊重证据实事求是。

(4) 能根据取得的证据论证观点。

(5) 愿意倾听和考虑他人的观点。

(6) 愿意与人交流合作完成任务。

(7) 对过程和结果能总结和改进。

2) 评价方式

(1) 自评:由合作学习小组进行组内自评。

(2) 互评:由班内各学习小组进行互评。

(3) 师评:由教师对各学习小组学习客观点评,以激励性、辩证性评价为主。

(4) 成长记录袋评价:由教师或学生收集学生项目化探究性学习的过程资料和成果作品,如观察日记、小制作、海洋小报告、“海洋场馆日”活动记录等,由此把握学生学习与发展的轨迹。

3) 评价原则

(1) 过程性原则,是指以项目化课程目标提出的要求为依据,评价学生对海洋文化的学习和探究过程。关注学生的参与度和学习态度,关注学生在学习过程中的体验与感受。

(2) 激励性原则,是指充分发挥评价的改进与激励功能,尊重和爱护学生的个体差异。通过评价,强化学生积极的情感,激发学习的热情,使学生在项目化探究型课程的学习过程中不断获得成功的体验,培养知难而进的品行。

(3) 多元化原则,是指评价方法和评价手段的多样性,即采用学生自评、互评与教师点评相结合,定性评价与定量评价相结合,智力因素评价与非智力因素评价相结合等,以多维视角的评价结果综合衡量学生的学习绩效和素养发展。

4) 评价样表

(1) “海洋天地 5 · 40”学生学习评价表(见表 2-2)。

(2) “海洋小课题”学生评价表(见表 2-3)。

(3) “海洋场馆日”学生活动总体表现评价表(表略)。

(4) “海洋场馆日”学习任务单(表略)。

表 2-2 “海洋天地 5 · 40”学生学习评价表

评价目标			评价等第		
序号	能力	要点	优秀	良好	一般
1	观察	观察意识、观察方法			
2	提问	探究意识、会提问题			
3	设计	合理有序、方案发展			
4	信息	广泛搜集、筛选整理			

续 表

评价目标			评价等第		
序号	能 力	要 点	优 秀	良 好	一 般
5	实 验	掌握方法、规范操作			
6	记 录	图文并茂、归纳整理			
7	表 达	学会倾听、清晰表达			
8	评 价	及时客观、多种评价			
9	合 作	合作互助、合理分工			
10	创 新	想象丰富、敢于突破			

表 2-3 “海洋小课题”学生评价表

评价指标	标准及说明	等 级	自评	组评	师评
课题研究态度	具有强烈的探究学习愿望,积极参加实践研究活动,累计参加 5～6 次以上主题活动	优 秀			
	具有探究学习愿望和参加实践研究的兴趣,累计参加 3～4 次主题活动	良 好			
	能参加实践研究活动,基本上能够完成学习任务,累计参加不少于 2 次主题活动	合 格			
	缺乏探究学习愿望和兴趣,基本上没有参加实践研究活动	待提高			
课题研究能力	积极撰写实验报告、小论文等,并能够灵活展示学习成果	优 秀			
	具有良好的撰写实验报告、小论文的能力,以多种形式展示学习成果	良 好			
	具备基本的探究学习能力,能够以一种形式来展示自己的学习成果	合 格			
	未能认真参与学习研究,没有形成初步的学习成果	待提高			

三、实施过程

学校重视“海洋天地”项目化综合课程创造力实践的建设,在师资保障方面,学校作为上海市教师专业发展基地学校,承担着区内见习教师培训和外省相关学校教师的培训任务：让教师成为研究者，从而激发自主发展需要；让教师成为思想者，从而培养科学思维能力；让教师成为行动者，从而提升教育内涵，这也是学校引领教师专业发展的目标和任务。“海洋天地”项目化实施，与综合教研组、自然学科组以及探究型课程的教师互联互动，用较强的项目化课程开发与实施，在科学教育、科技活动、创新教育方面积累实践经验，有利于“海洋天地”项目化综合课程海洋课程的建设。

下面以海洋动物饲养观察单元设计为例介绍综合课程的实施过程。

(一) 探究活动目标

(1) 通过学习与资料分享，知道海洋动物种类繁多，外貌、习性各不相同，分布广泛。

(2) 通过饲养海洋动物，掌握基本的饲养方法，知道获取资源的方法，培养观察学习的能力。

(3) 通过饲养记录的分享与交流，学会分析现象归纳结论的能力。

(4) 通过近距离地观察饲养海洋动物，增强热爱和保护海洋动物的意识。

(二) 探究活动设计思路

海洋动物饲养探究活动设计思路如表 2-4 所示。

表 2-4 海洋动物饲养探究活动设计思路

教学流程	目标驱动	问题驱动	学生活动
情境引入 提出问题	了解海洋动物的习性与环境	海洋动物的生活环境，如何模拟	学习海洋动物的知识；思考海洋动物的饲养方法
调查研究 合作交流	调查海洋动物饲养注意事项	饲养海洋动物需要注意哪些因素	设计调查问卷；收集资料；实地访谈饲养者等
设计方案 对比创新	设计饲养海洋动物具体事项	饲养海洋动物要观察些什么	制定饲养方案；设计观察记录表
设计制作 测试改进	观察发现海洋动物的生活习性	海洋动物平时都在干些什么	观察记录；判断环境变化并及时调整(如换水)
分享交流 总结拓展	详细交流饲养发现	饲养期间，你观察到了哪些现象	交流分享与评价

(三) 项目化学习主题——奇妙的海洋动物

1. 活动要求

(1) 学习资料，知道海洋动物的种类与分布。

(2) 通过学习比较，能说出海洋动物与陆地动物的异同。

2. 活动步骤

1) 情境引入

(1) 回忆与分享参观海洋水族馆的经历，说说都见过哪些海洋动物。

(2) 观察海洋动物的图片,说说它们的名称。

(3) 海洋动物能够分为脊椎动物与非脊椎动物,为提供的海洋动物分类。

(4) 自学并交流:不同深度的海域光照、温度、海洋动物种类、特点、食物来源等信息。

2) 提出问题

(1) 海洋动物的生活环境特点是什么?

(2) 海洋动物的生长需要什么?

(3) 海洋动物有什么可观察的表现?

(4) 怎样判断海洋动物的健康状况(活力)?

3) 明确主题

知道常见的海洋动物,探究哪些海洋动物适合人工饲养。

4) 活动过程

(1) 学生自主学习常见海洋动物资料卡,通过网络搜索更多海洋动物的资料。

(2) 观看视频,了解部分海洋动物的生活习性与生活环境。

(3) 思考:海洋动物的生活环境与生活习性的关系。

(4) 小组讨论:哪些海洋动物适合人工饲养?并说说原因。

(5) 思考与调查:如何知道哪种海洋动物容易饲养?

(6) 小组课后作业:通过各种途径,讨论并确定本组准备饲养的海洋动物。

(四) 项目化学习主题二——家里的海洋小动物

1. *活动要求*

(1) 通过讨论,明确需要调查的饲养项目。

(2) 组内确定调查方式,并制作饲养海洋动物准备方案。

2. *活动步骤*

1) 情境引入

亲近大自然还可以把动植物们养殖在身边,小明他家有个小小自然角,一个超大的水缸里面养着一条可怜的金鱼。小明每天放学都去看看它,可小金鱼却并不怎么快乐,老是一动不动地在水中悬浮着。小明每天都倒入一大把鱼食,但第二天缸里总会剩下许多,天气不好时,缸里的水总是浑浑的,不怎么清澈。没过多久,小金鱼就死了,小明伤心极了。

2) 提出问题

(1) 小明在饲养金鱼过程中犯了哪些错误?

(2) 饲养动物前,如何制定饲养方案呢?

3) 明确主题

(1) 明确饲养海洋动物需要确定的因素。

(2) 组内决定通过哪种方式获得饲养海洋动物的正确经验。

4) 活动过程

(1) 班级交流各组准备饲养的海洋动物,讨论可行性。

(2) 小组讨论：饲养海洋动物需要解决哪些问题?

① 容器。

② 人造海水的配制方法与比例。

③ 日常换水的频率。

④ 判别海洋动物的生态情况。

(3) 小组讨论：通过何种途径解决罗列的问题(网上搜索、咨询专业人员、调查问卷等)。

(4) 小组课后作业：制定本组饲养方案,并准备所需材料。

(五) 项目化学习主题三——饲养海洋动物

1. 活动要求

(1) 通过讨论分析,确定饲养海洋动物方案。

(2) 组内设计观察记录表,并做好分工。

2. 活动步骤

1) 情境引入

有一组饲养小队,他们的方案是组长通过网络直接下载的,没有经过任何的讨论,组长就按部就班地开始进行饲养了。每天组长只是来看一眼小动物,在日期上打个勾就算完成了观察。没过几天,他们的小动物死了,组员们都来质问组长到底是怎么回事:“不是有现成的饲养方案嘛,照样子做都不会啊!”组长也特别委屈,他确实天天来看小动物了呀,怎么没养几天就死了呢?

2) 提出问题

(1) 故事案例中的饲养小组犯了哪些错误?

(2) 小组在确定饲养方案时需要注意些什么?

(3) 饲养动物是一个人的事情吗? 组内该如何分配任务、分工合作呢?

(4) 如何做到有效观察,以及记录对后期的分析有利用价值?

3) 明确主题

(1) 饲养方案的合理化。

(2) 组内分工合作,任务明确。

(3) 设计明确观察记录表。

4) 活动过程

(1) 交流各组的饲养方案,讨论完善,提高可行性。

(2) 组内分工安排,讨论完善,提高效率。

(3) 组内设计观察记录表,明确观察点和记录点。

(4) 正式开始饲养海洋动物,确定放置地点与环境等。

(5) 小组课后任务：定时观察动物,并做好观察记录。

(六) 项目化学习主题四——饲养分享会

1. 活动要求

(1) 交流分享饲养心得。

(2) 根据评价量表,评价本组饲养过程。

2. 活动步骤

1) 情境引入

在饲养动物的过程中,总会有成功的小组和失败的小组。成功饲养动物的小组会十分开心,觉得自己很成功,没有把小动物养死。但是具体询问他们在这次的饲养活动中有什么收获却无话可说。而失败的小组,虽然没能让小动物存活下来,但是他们却发现了饲养过程中的不足。

2) 提出问题

(1) 以上两种情况,你觉得哪一组收获更多呢?

(2) 饲养动物的活动,能让我们收获什么?

3) 明确主题

(1) 饲养活动的收获。

(2) 小组饲养过程的评价。

4) 活动过程

(1) 交流分享小组饲养的观察心得与收获。

(2) 找找饲养过程中能够改进的部分。

(3) 自评与互评。

(4) 本次探究活动的总结。

(七) 探究活动评价

此次探究活动评价如表 2-5 所示。

表 2-5 探究活动评价表

关键技能	目　标	表现水平标准	表现描述	自评
设计方案	了解设计研究方案的基本要素,在指导下能设计简单的研究方案,设计简单的研究方法和步骤	优秀	能设计简单的研究方法和步骤,形成简单的方案,有控制变量的意识	
		良好	在指导下能设计简单的研究方法和步骤,形成简单的方案,有一定的控制变量意识	
		一般	在指导和帮助下,能设计简单的研究方法和步骤,形成基本的研究方案,缺乏控制变量意识	
信息收集	能在他人的指导下,根据主题收集相关的图片、照片或实物资料	优秀	在他人指导下,能根据主题收集资料(包括图片、照片、实物等)	
		良好	在他人指导下,能收集一些相关资料	
		一般	在他人指导和帮助下,能收集一些相关资料	

续 表

关键技能	目　标	表现水平标准	表 现 描 述	自评
倾听表达	敢于说出自己的想法	优秀	敢于主动说出自己的想法	
		良好	在鼓励和启发下能说出自己想法	
		一般	在他人帮助下说出自己想法	
	养成倾听的良好习惯,对他人的观点发表自己的意见,有序持续进行多方对话	优秀	有优秀的倾听习惯,能对他人的观点发表自己的意见,有序持续进行多方对话	
		良好	有良好的倾听习惯,偶尔能对他人的观点发表自己的意见	
		一般	倾听习惯一般,对他人的观点不能发表自己的意见	

第二节　中学"海洋生物"创课程

一、课程概述

上海市育民中学建校70多年来一直注重青少年科技教育工作,努力培养青少年的创新精神和实践能力,提高科学素质、鼓励优秀人才涌现是学校开展科技创新实践活动的宗旨和目的。作为上海市绿色学校,学校不断加大科技教育领导力度、资金投入以及科技教师队伍建设,积极组织全校师生参加各类科技教育活动。学校创建的"上海市育民中学蓝鸿铭海洋鱼类标本馆",是上海市普教系统唯一被命名为"全国科普教育基地"的标本馆,也是全国唯一以普通教师命名的海洋鱼类标本馆。学校以"蓝鸿铭海洋标本馆"为依托,积极开展海洋文化教育,促进学校的内涵发展,打造"育民"传统文化特色。

被选为"上海市百所强校工程学校"以来,学校进一步加强校本课程建设,实现校本课程的多元化。学校从"海洋文化"特色出发,基于真实情境开发一系列能够激发学生好奇心、使命感和创造性的驱动性"海洋生物"特色课程,以培养学生创造力为导向、尊重学生创造力发展的基本规律,从而在探究与想象、坚毅与审辨、合作与担当等多个方面促进学生的成长。通过推动学、教、评一体化实施,发展教师创造力培养能力,促进学校创新文化建设。学校的"海洋生物"创课程具体内容如下:

(1)"海之灵"海洋鱼类标本制作课程,通过组织学生收集相关资料,熟悉不同实验设备,制作海洋鱼类固态环氧树脂标本,并制作成电子文档并形成二维码,通过扫描二维码及展示标本的形式,向周围的人和社会推广学校的海洋文化。

(2)"航海日志"水下机器人课程旨在通过制作水下机器人来培养学生的团队意识、

创新意识与动手能力。

(3) “海洋创客”机器人课程，通过学习基础的物理知识和编程语言，让学生以小组团队合作的方式搭建简单的电路、船只的模型以及编写代码来完成海洋中的小机器人制作，意在培养学生的四大能力：动手能力、编程能力、分析解决问题能力和团队合作能力。

(4) “水精灵”海洋生物科技课程，通过深入浅出的讲述和鱼类相关的课程内容，引导学生自我思考，培养学生的探索精神，达到授之以渔的目的。课程设计当中秉持六大原则——环境伦理原则、体验性原则、游戏性原则、科学性原则、由浅入深原则、自主性原则，使这个课程具备独创性和延展性，使课程适应于学校的课程教育体系的特色和发展。

(5) “海之魅”讲解课程，通过学生自主查阅资料，在教师的指导与帮助下撰写讲解稿，并能根据不同观众改变讲解风格，向学校的学生及对鱼类感兴趣的观众传播鱼类知识及文化。除了日常讲解，还学习制作鱼类标本，以便能为标本馆带来更多的新展品。

总之，上海市育民中学的“海洋生物”创课程，通过带领学生研究真实世界的真实问题，为学生设置有挑战的问题，调动学生学习的自主性和积极性，引导学生积极、深入、持续性探索，让学生有机会在真实任务情境中自行去寻找可能的解决方法，通过试错、分析并作出选择，自主确定研究的内容与方式，发现、分析和解决问题，从而培养学生的探究与想象、坚毅与审辨、合作与担当等多种能力。

二、海洋鱼类环氧树脂标本制作专题案例

(一) 学习目标

在理论学习中，学生能够了解鱼类的基本机体构造，明白鱼类标本制作的意义，了解传统及新型的鱼类标本制作的步骤及各自的优缺点。

在实践操作中，学生以小组为单位，在合作中不断研究并探索，最终能够完成新型环氧树脂鱼类标本的制作，并展示各小组的研学成果。

(二) 学习内容

本课程的学习内容如表 2 - 6 所示。

表 2 - 6 海洋鱼类环氧树脂标本制作内容设计

单元名称	主要内容	教学/活动目标	课时数
选 拔	参观与选拔	组织初始年级学生参观“蓝鸿铭海洋鱼类标本馆”，鼓励有兴趣的学生在报名系统里主动报名参学本课程	1
塑 化	浸泡、真空塑化	液体的准确取用，调整塑化剂状态，真空釜的正确使用	3

续 表

单元名称	主 要 内 容	教学/活动目标	课时数
硅胶制模	胶体的称量与搅拌	电子天平的正确使用,搅拌时的注意事项	3
亚克力板制模	裁剪、粘贴	根据标本鱼的尺寸裁剪,粘贴牢固确保不漏液	3
环氧树脂配置	液体的称量、搅拌与倾倒	电子天平的正确使用,搅拌及倾倒时的注意事项	4
制作二维码	素材查找并电子化,生成二维码,光刻机固态二维码	熟练使用笔记本电脑及正确使用光刻机	3
评　价	学生作品展示	学生自评、小组互评、教师点评	1

(三) 科目设置

1. 学习对象

适用年级：六、七年级以及高一。总课时数：18。

2. 修习方式

☐同年级自主选修　☑混龄自主选修　☐其他________

3. 活动地点

海洋生物创新实验室。

4. 活动资源

所需材料经教师及学生申请由学校负责采购及发放。

5. 活动建议

因受条件限制无法收集到更多的不同种类的海洋鱼类实体,建议学校有关部门能加大支持力度。

(四) 学习评价

1. 评价对象

☑学习小组　☑每个学生　☑其他________

2. 评价素材与评价方法

1) 探究与想象

① 是否使用多种策略(阅读文献、查阅资料、实践探索等)产生多个合理的制作鱼类标本的想法☐

② 是否研究先例以评估新想法的可行性☐

③ 是否以有效实施所必需的详细程度来清楚明确表达各种想法☐

④ 是否放弃不会带来最终产品或表现的解决方案☐

⑤ 是否有目的地挑战现有的边界、限制或与规范或惯例有关的想法(如挑战课堂环

境必须在室内、有桌子、由一名教师带领的想法)□

2) 坚毅与审辨

① 是否有效地整合材料/资源以完成鱼类标本的制作□

② 是否按计划完成标本,满足所有要求,必要时进行更改□

③ 是否准确地反思工作质量,利用反思或反馈来修改想法或标本□

④ 是否审辨地看待自己的创造的过程(如投入时间和精力、探索想法、需要的支持数量等)□

⑤ 能够通过自己设定的标准评估创新思维、成果、表现、方法、行动过程的有效性,不断衡量当前成果与目标之间的距离,反复打磨、加工、凝练,提升创意在实施层面的可行性,不会因为阶段性的成功而停止□

3) 合作与担当

① 是否能描述小组工作的范围和关联性(如解释工作的关键组成部分,并说明工作的每个组成部分如何适应整体工作的大局)□

② 是否能描述角色和小组目标之间的关系(如解释个人努力如何支持小组进展)□

③ 是否履行自己的各种角色和职责,从而完成任务并达到小组目标□

④ 是否坚持大家共同商定的规范,以确保合作和分享想法(如带着理解的意图去倾听,确保等待时间,不带评判去倾听)□

⑤ 是否促进小组成员之间的妥协以实现目标(如整合小组成员的不同想法、意见和视角,并进行协商以达成可行的解决方案)□

⑥ 是否积极主动地收集与小组目标相关的个人工作的具体反馈□

⑦ 是否提供建设性的反馈以支持小组成员达成小组目标和任务规范(如平衡正反馈和负反馈;提出开放式问题;使用“我注意到了……我想知道……”;使用三步走“表扬、问题、优化”等)□

三、环氧树脂鱼类标本的制作课时教案举例

(一) 教学目标

(1) 通过对鱼类的生活环境、种类及重要性等角度引入新课,锻炼学生的表达、交流能力,提升学生的兴趣和课堂参与度,揭示制作鱼类标本的意义。

(2) 通过对各类型传统鱼类标本的介绍及优缺点的归纳,锻炼学生的交流、归纳能力;继而引出新型的环氧树脂鱼类标本的技术支持及其优势。

(3) 通过对环氧树脂鱼类标本制作的各步骤的介绍,知道每个步骤的大致流程和注意事项;通过以小组为单位完成各步骤的制作,锻炼小组的合作、动手操作等能力,促进平等参与,实现合作共赢;激发学生创意,引导学生学会创造,提升创新能力。

(二) 教学重点

(1) 传统鱼类标本类型。

(2) 新型鱼类标本类型——环氧树脂鱼类标本。

(3) 环氧鱼类标本的制作步骤。

(三) 教学难点

(1) 传统和新型鱼类标本的优势与不足。

(2) 小组完成环氧树脂鱼类标本各步骤的制作。

(四) 条件要求

1. 安全类器材

(1) 学生：白大褂×11，护目镜×11，手套×11。

(2) 操作板(软体玻璃)×5。

2. 实验器材

实验器材如表 2-7 所示。

表 2-7 实验器材说明

环 节	实 验 器 材	展 示 品
1. 塑化	真空机、塑化剂、大烧杯、鱼(小型热带观赏鱼)×10	塑化好的鱼×5
2. 制模 ① 硅胶制模 ② 亚克力板制模	有机玻璃盒、有机玻璃方块、电子天平、搅拌棒、一次性杯子、硅胶(1∶1) 亚克力板(0.5 mm/1 mm 厚度)+不锈钢刻度尺、美工刀、剪刀、透明胶带、纱手套×2	现成的两种模具各1个
3. 浇 AB 胶	硅胶模具×1、亚克力板模具×1、现成的有机玻璃二维码×5、塑化好的鱼×10(两种鱼各 5 条)、AB 胶(3∶1)(具体比例待定)、电子天平、搅拌棒、一次性杯子、解剖针×5	制作完成的环氧树脂鱼类标本若干
4. 制作二维码	笔记本电脑×2(一人负责一种鱼的资料查找，以照片、word、ppt 或视频等形式制作标本介绍)	现成的两种鱼的二维码(展示在 ppt 上)

3. 教学过程

教学过程如表 2-8 所示。

表 2-8 教学过程设计

教 学 内 容		教师行为+学生行为	教 学 说 明
新课引入	展示图片：缤纷多彩的鱼类世界 问：同学们对鱼类有哪些方面的了解呢？ 从鱼类的生活环境、生活方式、种类、重要性等方面，引导学生展开对鱼类的讨论、交流	观察 思考、踊跃表达自己的想法	鱼类是学生比较熟悉的一类生物，通过展开对鱼类的交流，提升学生参与度与兴趣

续 表

教学内容		教师行为+学生行为	教学说明
一、制作鱼类标本的意义	问：请同学们回忆一下，从前在哪些地方看见过鱼类标本？ 简单介绍制作鱼类标本的意义	思考、回答：自然博物馆、学校标本馆等	通过回忆，提升兴趣；通过图片的观察，直观地了解三种传统鱼类标本的类型；通过交流其弊端，对传统鱼类标本的了解更进一步
1. 传统鱼类标本的类型	展示图片：三种传统鱼类标本 (剥制标本、浸制标本、骨骼标本) 依次作简单介绍，并引导学生归纳出传统鱼类标本的一些弊端	观察 思考、交流	
2. 新型鱼类标本的类型——环氧树脂鱼类标本	展示图片：环氧树脂鱼类标本 简单介绍较为新型的环氧树脂鱼类标本的技术支持及其优势 依次介绍此类标本制作的步骤并分别展示现场制作图片 1. 真空塑化 2. 制模(硅胶/亚克力板) 问：该选择哪一种模具？每种模具各自有什么优缺点？ 引导学生交流、回答 3. 浇 AB 胶 4. 制作二维码	观察、思考 思考、交流、回答：各有优缺点，酌情选择	通过图片的观察，对新型环氧树脂鱼类标本的优势以及其每个制作步骤产生初步了解；通过交流讨论，提升对两种模具各自优缺点的认识
二、环氧树脂鱼类标本的制作活动	为学生分组(共 10 人，分为 5 组，每小组 2 人) 介绍每一小组接下来要进行的活动内容，并强调进行活动时需要注意的安全事项 在学生进行活动时，巡视观察各组情况，及时提供建议或帮助	每一小组按照要求完成环氧树脂鱼类标本制作的其中一个步骤，注意活动安全	通过亲自动手参与标本的制作过程，提升对鱼类标本的兴趣，加深印象，锻炼小组合作、动手操作等能力
三、展示成果	请各小组派出一名学生代表，展示活动成品，并简要介绍其制作流程及注意事项 展示二维码(由学生制作完成)：孔雀鱼、虎皮鱼的介绍	小组代表展示小组成果，其余学生观察、思考	学生代表发言，锻炼其语言归纳能力，提升课堂参与度，提高其余学生兴趣；通过将此次活动中用以做标本的两种鱼的二维码展示在 ppt 上，提升互动性

第三节　高中“海洋科技”创课程

一、课程概述

(一) 课程背景

海洋科技是研究海洋的自然现象、性质及其变化规律,以及与开发利用海洋有关的知识体系。海洋科技的研究领域十分广泛,其主要内容包括对于海洋中的物理、化学、生物和地质过程的基础研究,以及面向海洋资源开发利用等应用研究。由于海洋本身的整体性、海洋中各种自然过程相互作用的复杂性以及主要研究方法的共同性,海洋科技是一门综合性很强的科学。

上海海洋大学附属大团高级中学是上海市唯一的海洋科普教育基地,也是上海海洋科普示范校,还是上海市大力建设的海洋类特色学校,学校拥有海洋科普基地相关资源、校本特色海洋课程以及专业扎实的师资队伍。在此基础上,学校引入优质前沿的海洋类科研资源与科技成果,紧跟当前的海洋科学领域发展进程,研究设计与学校海洋特色相关的课程内容,有助于打造出主题更前沿、内容更丰富、活动更多元的学校海洋特色课程,开拓学生科学视野,进一步培养学生的科学思维和科研潜质,融合多学科知识,提升学生综合素养。

(二) 课程理念

“海洋科技”创课程从“跨学科概念”“科学与工程实践”和“学科核心思想”三个维度进行设计,采用项目式学习,以问题为导向,在科学探究的基础上,更注重实践,让学生能够通过自己的实践,掌握科学方法,而非零散的科学知识,旨在培养具有现代科学观念、独立科学精神和基本科学能力的未来型人才。

本课程通过化繁从简,提取了大概念(big idea)、核心素养和跨学科知识,针对中小学生,将工程上较为复杂的环节进行了简化,把项目的精华集中在设计与制作上,帮助学生发散思维、打开脑洞,把精力放在设计上,而不是超龄的理论和技术上。由于学生的设计理念不同,关注的问题角度有差异,因此最终呈现的作品也是因人而异,能够极大地体现其创造性。在课程中,将基础科学原理、基本设计思路以及相关应用场景告诉学生,学生自行进行设计,制作出作品原型。在这个过程中,涉及的材料、元件都需要学生自行动手制作。让学生完成从 0 到 1 的创新过程,而非程式化地组装调试。

除此之外,课程中将学生最终完成的作品向科普产品引导。通过课程的学习,最终完成的项目成果,不仅仅是课程完结的成果,更是一个可以用于科普活动的作品,或是可以进行推广的科普产品。将学生作为科学传播中的一个重要中间环节,而不是仅仅作为受众的终止环节。这样,不仅能够提高学生的产品设计思维,也能够为学生积累科学研究成果,为学生未来的发展提供助力。

二、迷你深海着陆器工程研究与探索课程

(一) 课程介绍

深海着陆器是深海探索重要的探测设备,它使用方便,除布放与回收,其他时候都不需要水面母船的支持,节约了大量的时间和科研成本,而且可以根据具体的科学目标选择携带不同的设备,在海洋研究领域有着非常广泛的应用。本课程是对着陆器的专题学习探索,学生在深海探索情景中,学习或再学习各种基本力学、电磁学等理论知识,比如经典的牛顿力学三定律与受力分析、浮力与液体压强、电路理论、电磁理论、传感器与单片机的基本理论等,同时学习专业的实验室安全规范,了解最新的海洋科技应用;学习中参与科学测算与调试,培养严谨的工程思维:测算着陆器重力、水下推力及浮力、测算推进器、电磁铁及控制设备功率参数等;同时在学习中进行动手实操,如着陆器外部框架安装、着陆器内部电路设备搭建、利用着陆器对学校周边河道进行环境调查并整理形成调研报告等。该课程不仅让学生学习了专业且前沿的知识(见图 2-1),同时再学习和应用已学的经典物理学原理,在项目式学习与探索中,提升科学素养与综合素质(见图 2-2)。

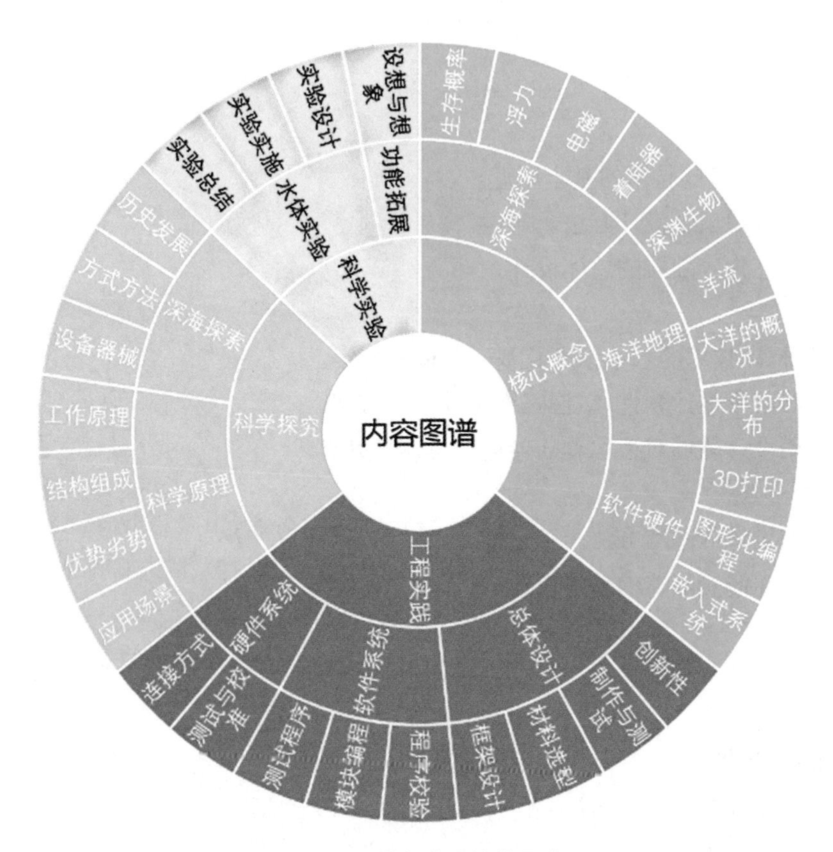

图 2-1 课程内容结构图谱

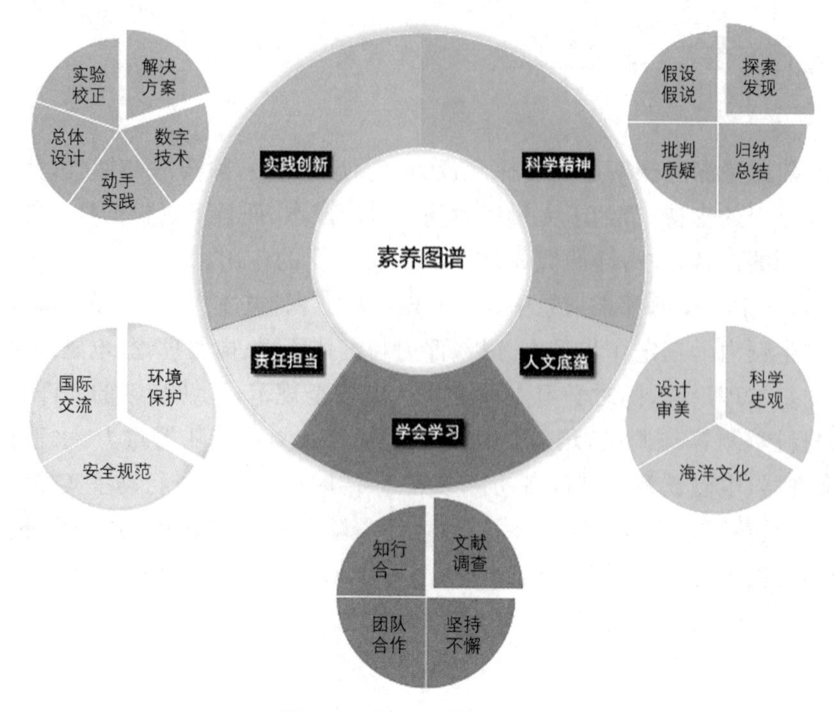

图 2-2 课程素养培育图谱

(二) 3D 打印的基本技术和着陆器的总体设计案例

1. 教学目标

(1) 了解 3D 打印技术的基本原理。

(2) 初步掌握三维设计方法。

(3) 完成迷你着陆器的总体设计。

2. 教学重点

(1) 3D 打印技术的基本原理及基于原理的分类。

(2) 学习三维设计软件,掌握三维设计基本方法。

(3) 采用设计软件对迷你着陆器进行总体设计。

3. 教学难点

(1) 三维设计的基本方法。

(2) 迷你深海着陆器的总体设计。

4. 条件要求

(1) 相关影视资料。

(2) 学生电脑。

(3) 3D 打印机。

(4) 三维设计软件。

(5) 工程记录本。

(6) 纸和笔。

5. 教学过程

教学过程如表 2－9 所示。

表 2－9 教学过程

环节	学与教的过程设计与主要教学内容	教法说明
任务一：问题研究	1. 什么是 3D 打印技术？ 3D 打印技术是快速成型技术的一种，它是一种以数字模型文件为基础，运用粉末状金属或可熔性塑料等可黏合材料通过逐层构造的方式来成型物体的技术。通过 CAD 设计数据采用材料逐渐累加的方法制造实体零件的技术，相对于传统的材料去除（切削加工）技术，是一种“自下而上”的制造方法。 2. 根据原理的不同，3D 打印有哪些种类？ （1）分层实体制造（Laminated Object Manufacturing，LOM）。 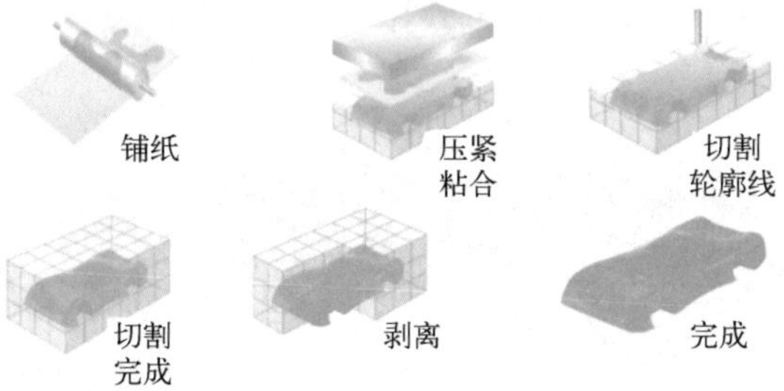 （2）熔融沉积成型（Fused Deposition Modeling，FDM）。 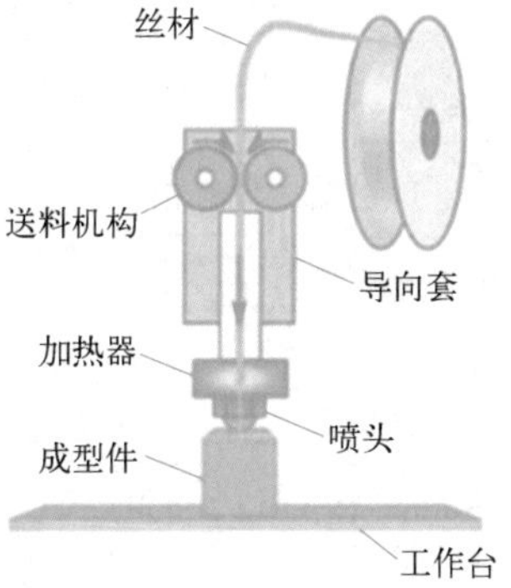 （3）光固化成型（Stereo Lithography Appearance，SLA）。 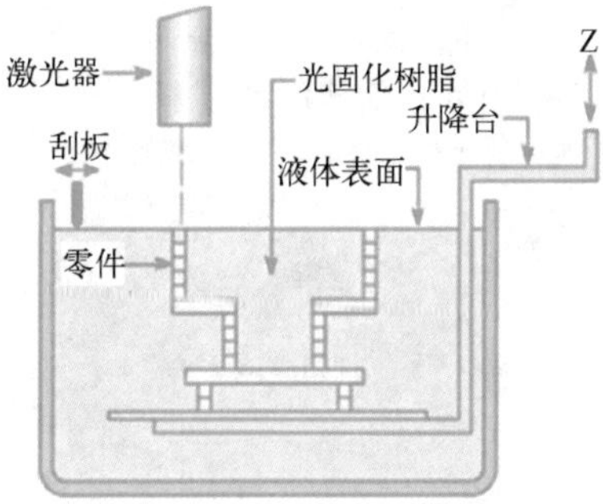 	教师讲授、文献调查和小组讨论

续 表

环 节	学与教的过程设计与主要教学内容	教 法 说 明
任务一： 问题研究	(4) 选区激光烧结(Selected Laser Sintering，SLS)。 (5) 选区激光熔化(Selected Laser Melting，SLM)。 (6) 三维印刷成型(Three-Dimensional Printing，3DP)。 3. 绘制3D打印制造的流程图	教师讲授、文献调查和小组讨论

续 表

环 节	学与教的过程设计与主要教学内容	教法说明
任务二：动手实践	1. 安装 Sketchup，并熟悉使用环境  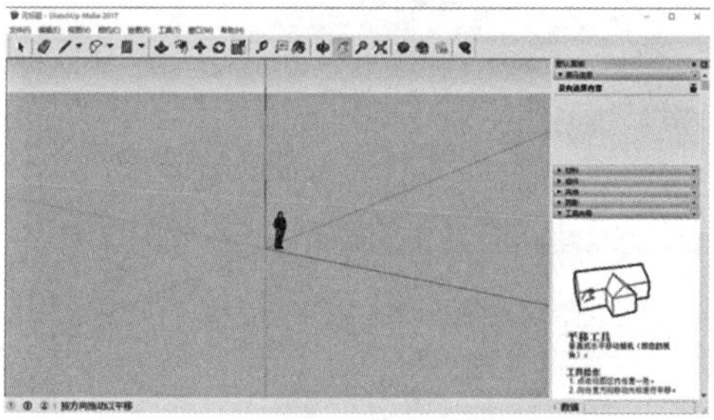 2. 熟悉各个工具的使用方法，并绘制一个结构，利用 3D 打印进行打印 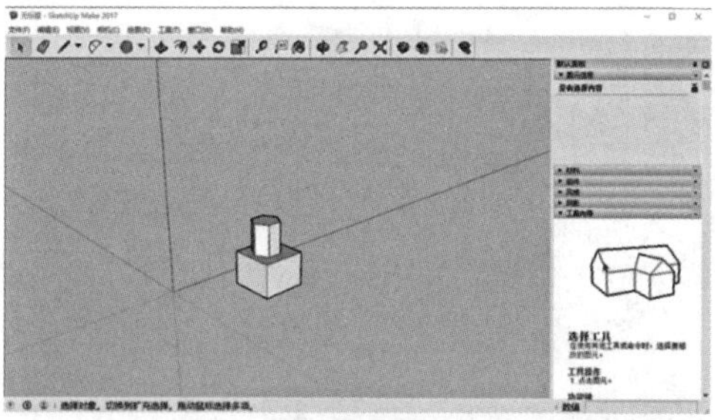 	学生动手，学习三维设计软件的使用方法，并完成一次从设计到打印的完整过程

续 表

环 节	学与教的过程设计与主要教学内容	教 法 说 明
任务三:动手实践	1. 进行着陆器结构的总体设计,可以通过手绘或者 Sketchup 进行设计 示例: 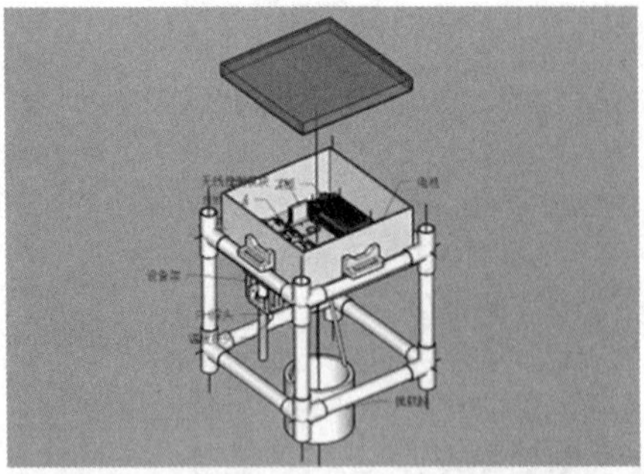 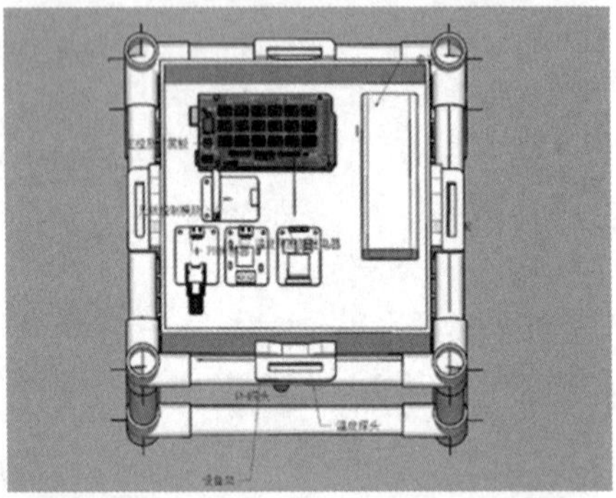 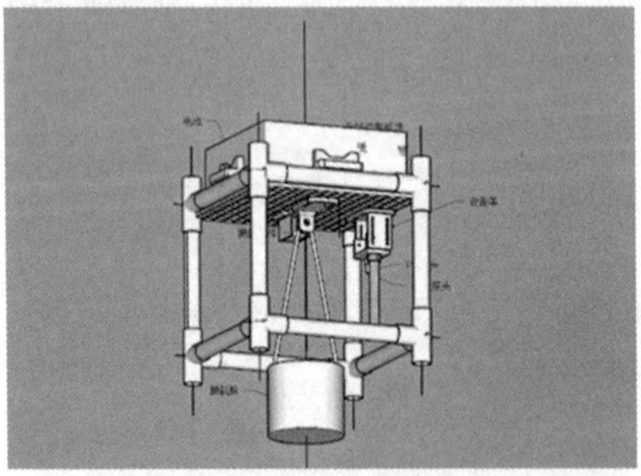 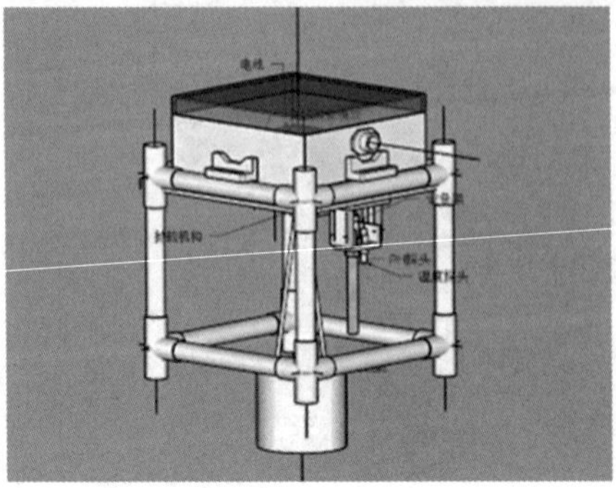	以小组为单位,完成迷你着陆器的总体设计

续 表

环 节	学与教的过程设计与主要教学内容	教法说明
任务三：动手实践	2. 设计的创新性 示例中的设计，对常规的着陆器作了一定改进，增加了自行系统。常规的着陆器需要母船进行投放和回收。而小型的着陆器有条件进行自主航行，因此增加了自行系统。 3. 设计的自由度 只需满足着陆器的一般功能，在框架上控制上都可以作不同的改变和创新。	以小组为单位，完成迷你着陆器的总体设计

三、物联网智能生态水族箱的设计与制作课程

(一) 课程介绍

水族科学与技术涉及基础化学、有机化学、生物化学、普通动物学、普通生态学、水生生物学、鱼类学、微生物学、遗传学、动物生理学等基础学科，同时还包含生物饵料培养、观赏水族养殖学、观赏水族营养与饲料学、观赏水族疾病防治学、水草栽培学、水族工程学、水族馆创意与设计、水生动物微生态学、风景园林概论等众多专业学科，是结合科学和美学的特殊交叉学科。

生态水族箱是现代园艺的重要组成部分，由传统观赏性鱼箱发展而来的。它不仅与高中生物学中的“生态系统的稳定性”等内容契合，同时具有体现了科学之美、生物之美、生态之美、自然之美以及设计之美，具有很高的美学内涵，是学校美育教学的绝佳素材。

传统的生态水族箱通常以鱼类观赏、水草造景为主，具有画面清晰、主题鲜明、动静相宜等优点，但同时也有维护频繁、自我调节能力差的缺点，如果饵料或电力中断时间稍长、清洗换水延迟、过滤系统饱和，都会造成水体变质、鱼类死亡的后果。

随着中国5G技术的发展，物联网技术也随之又一次提升。利用物联网，能够实现对生态箱的远程监视和控制，简化了维护与调节的流程。同时，还能利用各种传感器和控制器，结合编程(以及图形化编程)，实现水位的自动控制、温度的实时监控、自动投喂、自动换水等智能化操作。不仅解决了传统的生态水族箱管理维护复杂的问题，同时也展现了科技之美，将科技与自然之美完美结合，提升学生的科学素养、美学素养与综合素质。

(二) 生态水族箱的概述与基本组成案例

1. 教学目标

(1) 了解水族造景的历史和发展。

(2) 了解生态水族箱的设计原则和营造艺术。

(3) 了解物联网生态水族箱的基本组成。

2. 教学重点

(1) 探究水族造景的历史和发展，对比中西方水族箱发展的差异。

(2) 研究生态水族箱的设计原则和营造艺术，比较不同造景理念的差异，感受水族造景的艺术美感。

(3) 总结物联网智能生态水族箱的组成,并进行归纳和分类。

3. 教学难点

(1) 如何理解不同造景式样的理念差异,并与人文艺术特征相联系。

(2) 如何厘清物联网生态水族箱所需要的组成成分。

(3) 能够初步掌握水草的种类和特点。

(4) 能够初步掌握水族动物的种类和特点。

(5) 对水族箱的电子设备和装置有一个初步的罗列。

4. 条件要求

(1) 课程 PPT。

(2) 相关文字材料。

(3) 套件和物料。

(4) 纸和笔。

5. 教学过程

教学过程如表 2-10 所示。

表 2-10 教学过程

环节	学与教的过程设计与主要教学内容	教法说明
任务一:问题研究	1. 水族箱并不陌生,是日常生活中常见的物品。那水族箱到底是个什么样的东西呢?请结合自己的理解,给水族箱作一个诠释,并将常见的水族箱做一个分类  2. 水族箱的发展历史 	教师讲解、文献调查和小组讨论

续 表

环 节	学与教的过程设计与主要教学内容	教法说明
任务一：问题研究	3. 中国和西方在水族文化上的差异 (1) 西方对海洋生物的认知。 (2) 中国养殖金鱼的传统。 4. 生态水族箱的特点 	教师讲解、文献调查和小组讨论
任务二：问题研究	1. 生态水族箱有哪些常见的营造风格？ (1) 德国式造景。  (2) 荷兰式造景。  (3) 南美风造景。  (4) 日式风格造景。 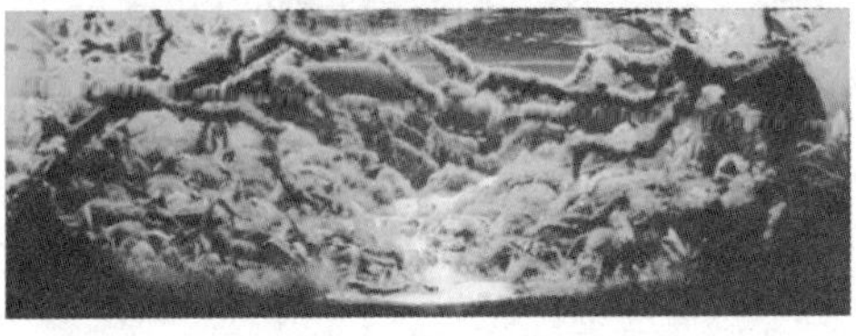	文献调查和小组讨论

续 表

<table>
<tr><th>环 节</th><th>学与教的过程设计与主要教学内容</th><th>教法说明</th></tr>
<tr><td>任务二：
问题研究</td><td>(5) 中式风格造景。 
2. 生态水族造景应该遵循什么样的原则？
(1) 自然性。
(2) 实际性。
(3) 创新性。
3. 生态水族箱的设计技巧
(1) 构图法则。 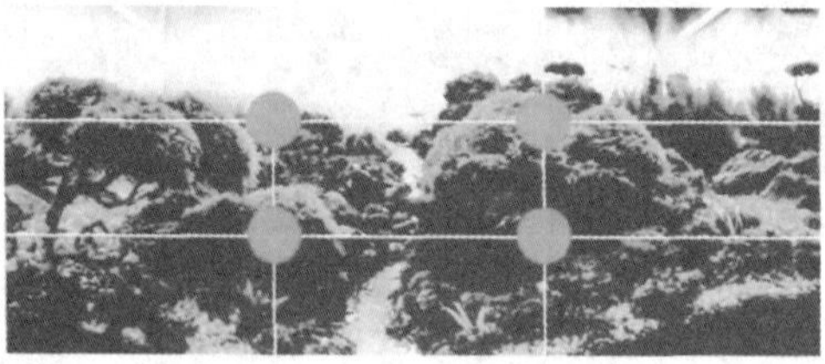
(2) 景致的布局。  
4. 如何将生态水族箱设计得更有美感，且更有艺术气息？
(1) 统一和变化。
(2) 动与静。</td><td>文献调查和小组讨论</td></tr>
</table>

续 表

环 节	学与教的过程设计与主要教学内容	教 法 说 明
任务三：动手实践	1. 物联网生态水族箱包含了物联网、生态和水族箱三个属性，思考一下，它应该包含哪些部分？ 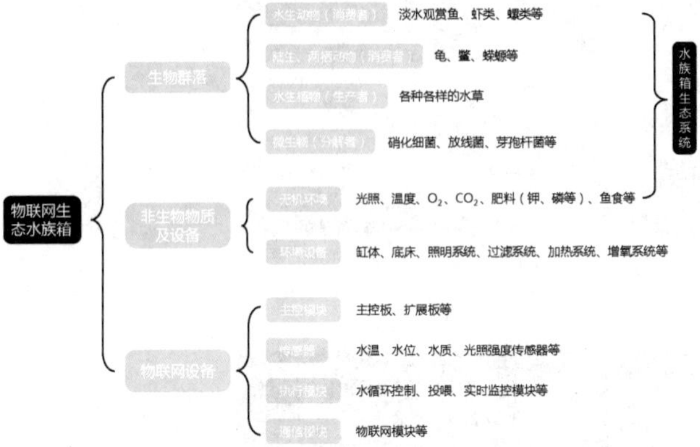 2. 水族箱里的水草有哪些？ (1) 根据生长状态与水的关系。 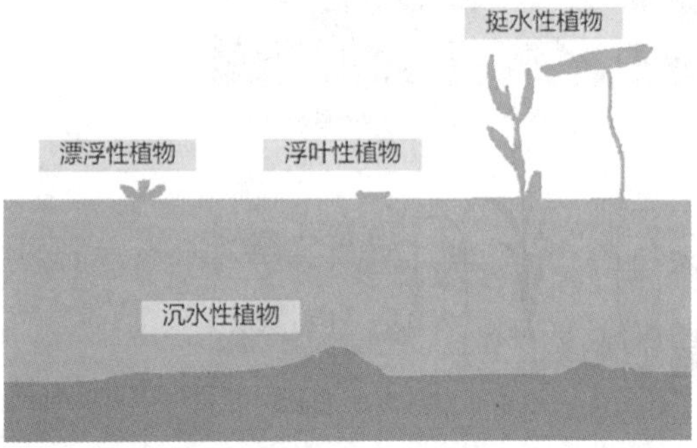 (2) 根据水草的形态特征。 ① 有茎类水草。  矮珍珠 小对叶 雪花 竹叶 紫红圆叶 雾岛古精 古精太阳 五彩薄荷	

续　表

环　节	学与教的过程设计与主要教学内容	教法说明
任务三： 动手实践	② 丛生类水草。  杜邦草 　龙鞭草 　泰国水蒜  大喷泉 　大卷浪草 　浮叶小水兰 ③ 椒草类水草。  拟奇异椒草 　波罗椒草 　拟林宝椒草  拟科戈椒草 　拟剑竹椒草 　拟欧霸椒草 ④ 皇冠类水草。  小海帆 　针叶皇冠草 　阿秀皇冠草 ⑤ 水榕类水草。  迷你小榕 　咖啡榕 　小水榕 ⑥ 蕨类水草。  肚兜萍 　黑木蕨 　微果草	

续 表

环 节	学与教的过程设计与主要教学内容	教 法 说 明
任务三： 动手实践	⑦ 莫丝类水草。  鹿角苔 瓜哇莫丝 珊瑚莫丝 翡翠莫丝 怪蕨莫丝 三角莫丝 直立莫丝 大鹿角苔 (3) 根据排布位置。 ① 前景草；② 中景草；③ 后景草。 3. 水族箱里常见的动物有哪些？ (1) 灯鱼。 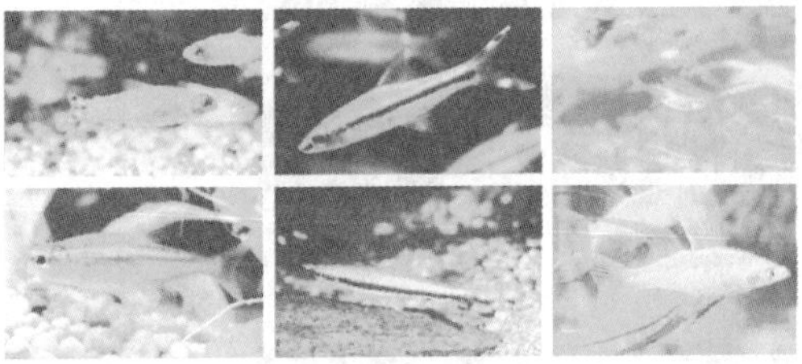 (2) 孔雀鱼。  (3) 神仙鱼。  (4) 七彩神仙鱼。 	

续　表

环　节	学与教的过程设计与主要教学内容	教法说明
任务三： 动手实践	(5) 中国斗鱼。  (6) 泰国斗鱼。  (7) 其他常见小型淡水观赏鱼。  斑马鱼　红十字鱼　月光鱼 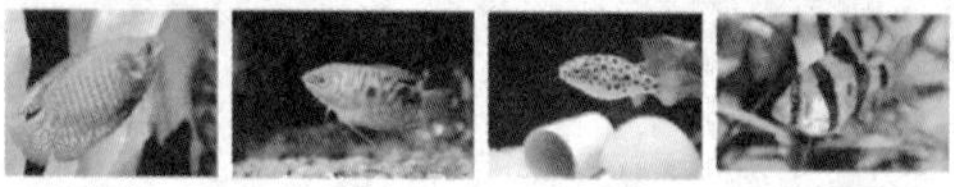 丽丽鱼　曼龙　潜水艇鱼　虎皮鱼 (8) 观赏虾。  (9) 观赏螺。  4. 水族箱里常见的微生物有哪些? (1) 硝化细菌。 (2) 光合细菌。 (3) 放线菌。 (4) 芽孢杆菌。 (5) 酵母菌。 5. 生态水族箱里的常用设备有哪些? (1) 照明系统。 (2) 过滤系统。 (3) 加热系统。 (4) 氧气泵。 (5) 二氧化碳添加系统。 (6) 水温检测模块。 (7) 光照度检测模块。 (8) 水位检测模块。 (9) 监控系统。 (10) 物联网模块。	

四、无人海洋漂浮垃圾清理船设计与制造课程

(一) 课程介绍

地球上70%的面积是海洋,它是地球上最广阔、最神秘和最多样化的生态之一。在以前的认知里,海洋是如此辽阔而又深远,将垃圾扔入大海所产生的影响微不足道。但事实恰恰相反,海洋生态系统正遭受污染的威胁,尤其是在过去的几十年中,石油泄漏、有毒废料、漂浮的塑料和各种其他因素都造成了海洋污染。在常见的海洋垃圾中,漂浮类垃圾占据了海洋垃圾的绝大部分。更严重的是,进入海洋的塑料只有不到1%形成了漂浮的垃圾带,其余失踪的99%已经进入深海中。

本课程以无人漂浮垃圾清理船作为课程载体,通过化繁从简,提取了大概念(big idea)、核心素养和跨学科知识,针对高中学生,将工程上较为复杂的环节进行了大幅度简化,利用简单易得的材料代替了复杂的电子元器件,把项目的精华集中在设计与制作上,帮助学生发散思维,打开脑洞,把精力放在设计上,而不是超龄的理论和技术上。由于学生的设计理念不同,关注的问题角度有差异,因此最终呈现的作品也将是因人而异的,能够极大地体现其创造性。

无人漂浮垃圾清理船是一个跨学科综合性项目,其中涉及经典力学、流体力学、电磁学、海洋科学、电子工程、无线通信、船舶工程等众多学科,包含浮力、密度、牛顿定律、伯努利原理、电磁感应、功与功率、原电池、动量、能量与角动量守恒等知识点。在项目进行中,根据学校的不同情况,还可以综合相关的工程制造技术,比如3D打印、激光切割、简易精工等,有利于学生提高其使用数字化工具的能力,从而实现知行合一的目的。

(二) 漂浮垃圾清理装置的研究综述案例

1. 教学目标

(1) 了解漂浮垃圾清理装置的研究现状。

(2) 研究漂浮垃圾清理船的相关案例。

2. 教学重点

(1) 海洋漂浮垃圾收集装置的研究和应用现状。

(2) 海洋漂浮垃圾收集装置有哪些种类?有哪些创新?

(3) 漂浮垃圾清理船有哪些种类?它们收集原理是什么?

3. 教学难点

(1) 如何比较和理解不同漂浮垃圾收集装置的异同,以及它们在真实应用场景的优劣?

(2) 探究常见漂浮垃圾收集船的结构,以及它们收集垃圾的方式和原理。

(3) 了解漂浮垃圾清理船无人化的研究现状,以及它们的设计思路。

4. 条件要求

(1) 相关设计图纸。

(2) 学生电脑。

(3) 网络。

(4) 工程记录本。

(5) 纸和笔。

5. 教学过程

教学过程如表 2-11 所示。

表 2-11 教学过程

环节	学与教的过程设计与主要教学内容	教法说明
任务一：问题研究	1. 漂浮垃圾收集装置的应用现状如何？ 由于海洋垃圾持续增多，造成的影响也日益严重，各国政府对海洋漂浮垃圾越来越重视，在制定法律、法规全力控制排放海洋垃圾的同时纷纷采取各种方式清理、回收海洋漂浮垃圾。 (1) 人工清理。  (2) 水上垃圾拦截浮体。  (3) 建造人工岛屿。 (4) 海上垃圾桶。 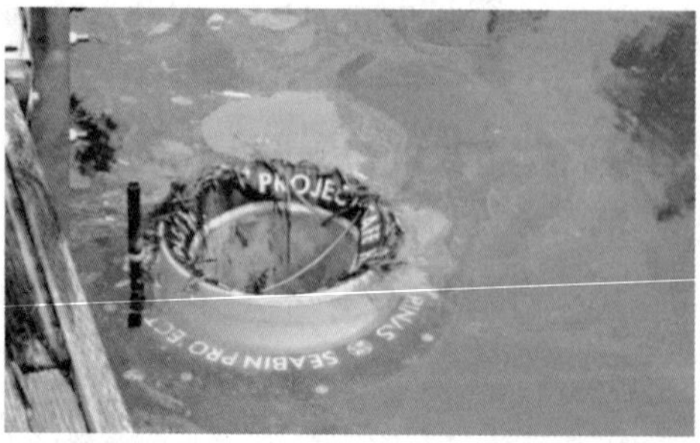 (5) 专业垃圾清理船。 2. 有哪些新型的漂浮垃圾清理装置？	教师讲解、文献调查和小组讨论

续 表

环 节	学与教的过程设计与主要教学内容	教 法 说 明
任务一：问题研究	3. 漂浮垃圾收集装置的应用现状如何？ （1）波浪能海洋漂浮物收集装置。 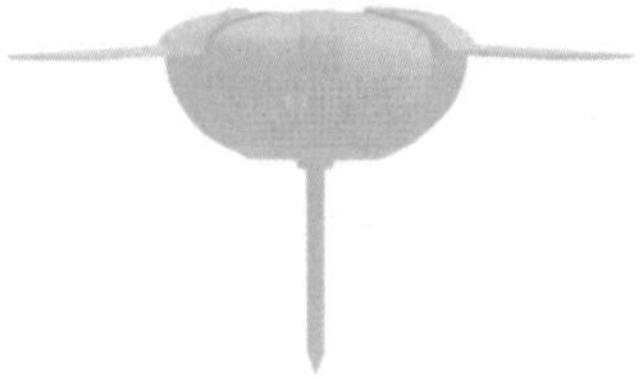 （2）太阳能海洋垃圾收集装置。	教师讲解、文献调查和小组讨论
任务二：问题研究	1. 一种捞斗式垃圾回收船的结构设计 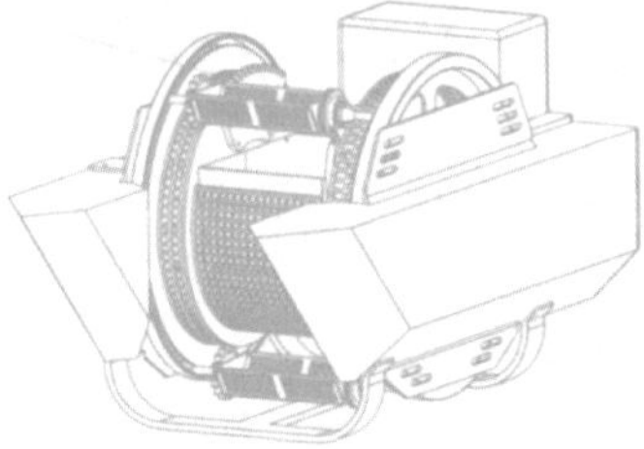 （1）船体。 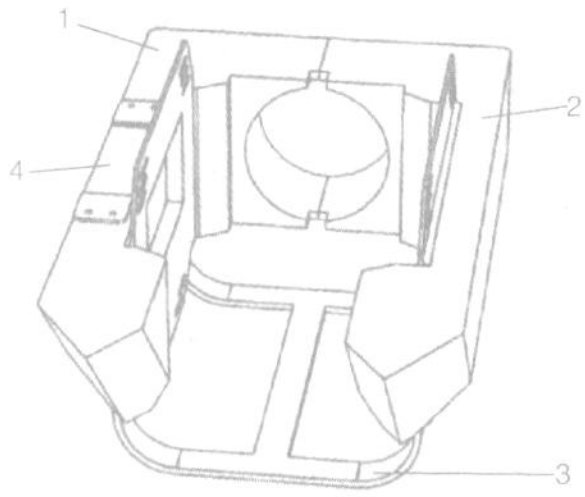 （2）推进系统。 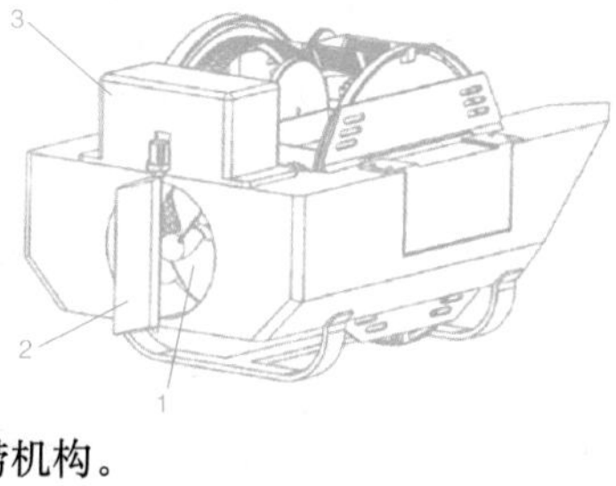 （3）垃圾打捞机构。 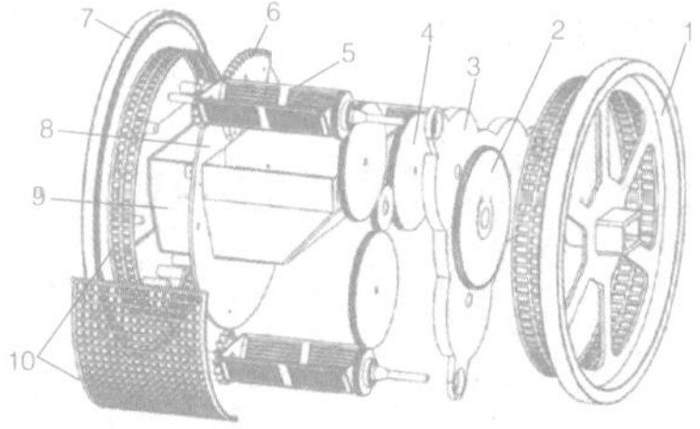	文献调查和小组讨论

续　表

环　节	学与教的过程设计与主要教学内容	教法说明
任务二：问题研究	(4) 工作原理。 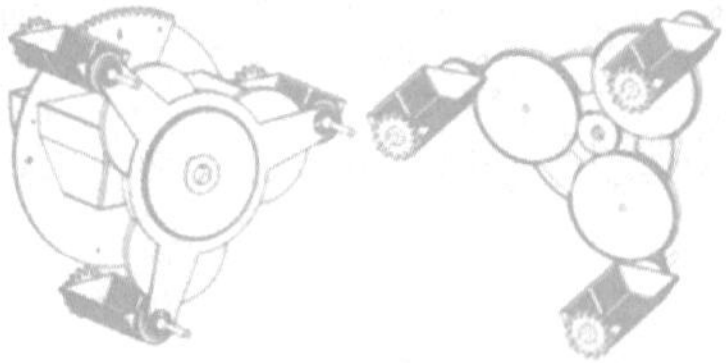 2. 一种履带式水面垃圾智能打捞船的结构设计 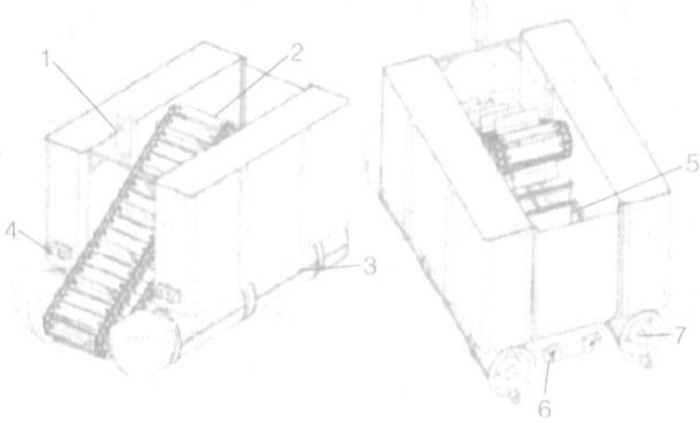 1-摄像头；2-链条链板；3-水位调节装置；4-红外传感器；5-压缩机构；6-螺旋桨；7-水泵 (1) 输送机构。 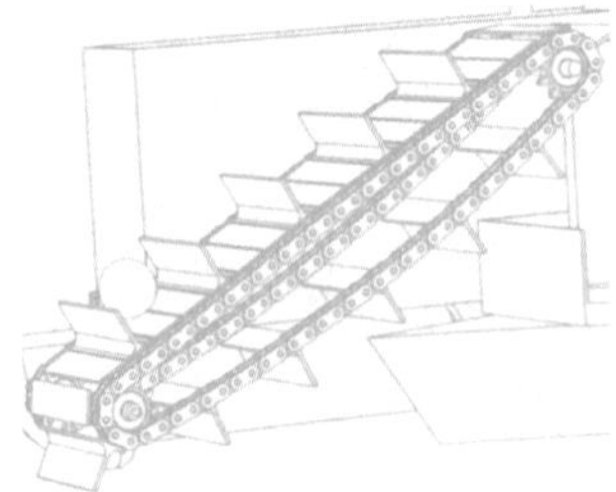 (2) 水位调节机构。 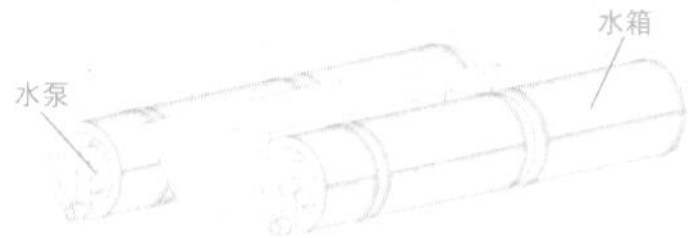 水泵 水箱 (3) 收集装置与压缩机构。 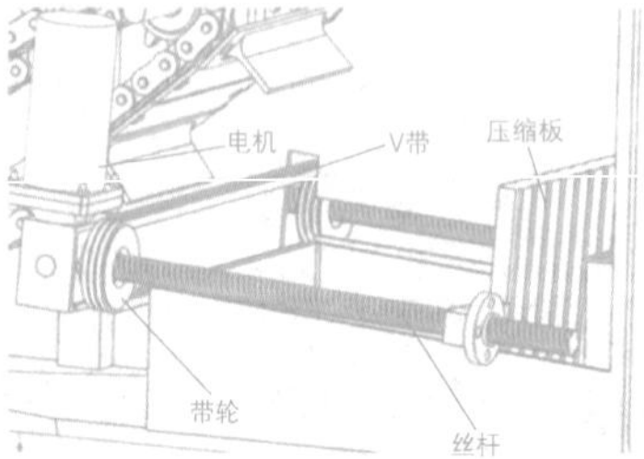 电机 V带 压缩板 带轮 丝杆	文献调查和小组讨论

续 表

<table>
<tr><th>环 节</th><th>学与教的过程设计与主要教学内容</th><th>教 法 说 明</th></tr>
<tr><td>任务二：
问题研究</td><td>(4) 软件设计。
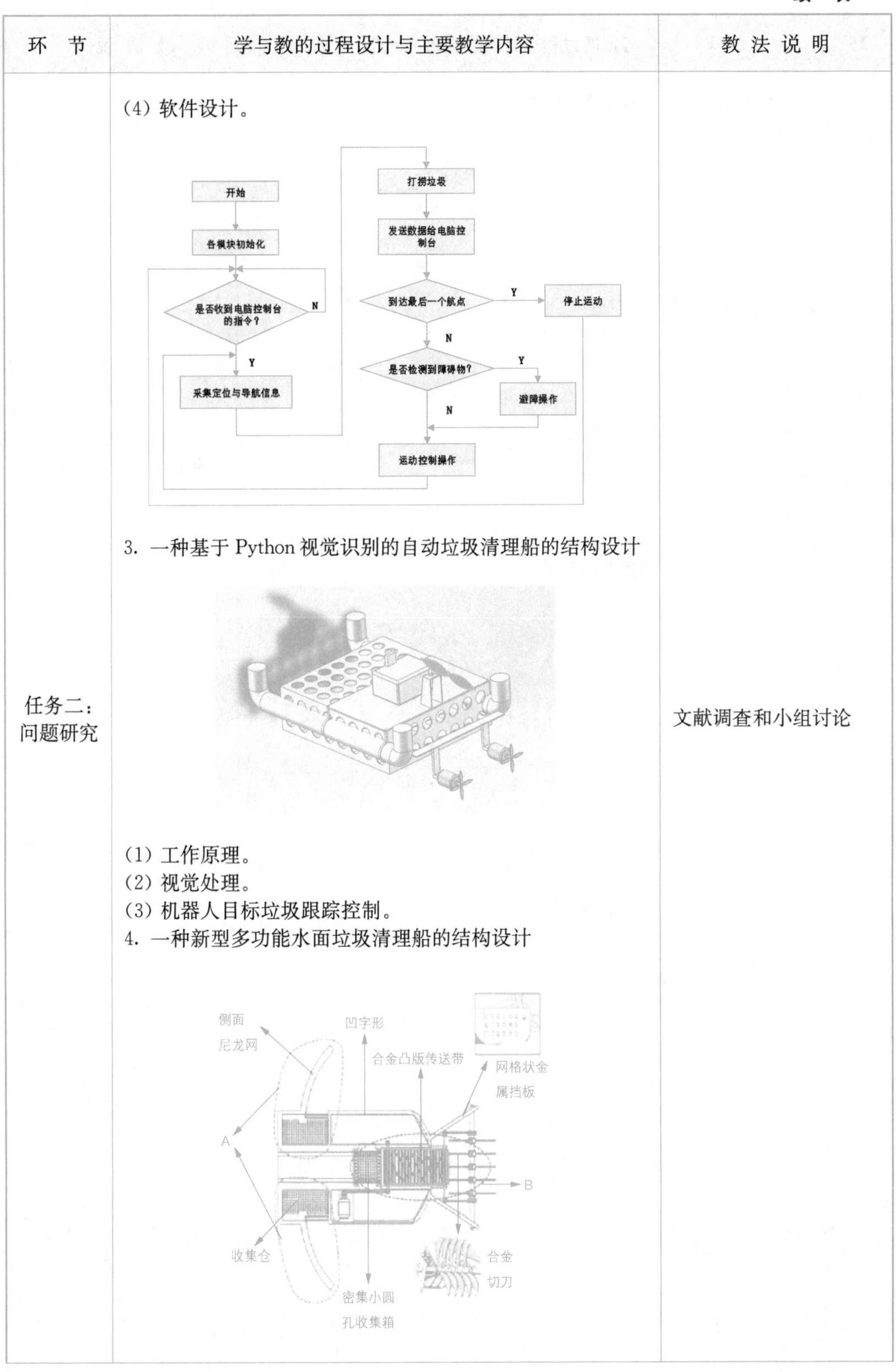

3. 一种基于 Python 视觉识别的自动垃圾清理船的结构设计
(1) 工作原理。
(2) 视觉处理。
(3) 机器人目标垃圾跟踪控制。
4. 一种新型多功能水面垃圾清理船的结构设计
</td><td>文献调查和小组讨论</td></tr>
</table>

续　表

环　节	学与教的过程设计与主要教学内容	教法说明
任务二：问题研究	(1) 水面漂浮垃圾清理功能。 (2) 水生植物清理功能。 (3) 水下沉积垃圾清理功能。	文献调查和小组讨论

第三章　“航器—舟船”创课程模块

第一节　小学“邮轮研学”创课程

这里讨论的是“邮轮”还是“游轮”？两者有什么不同？这就是我们需要厘清的知识。如果更需要了解的是“邮轮”，就让我们慢慢走进它们，想象并体验一下在“邮轮”上的生活。“爱达·魔都号”(见图 3－1)是我国自造的第一艘大型邮轮，值得探究。

图 3－1　中国首艘国产大型邮轮“爱达·魔都号”

一、收集资料，走近邮轮

邮轮有什么特点？如果学生还未曾上过邮轮，也没有听别人讲过邮轮的故事，那就先借助网络做一番“预见邮轮”的预习，再明确研学目标。

首先网上阅读邮轮。利用百度等平台输入“爱达·魔都号邮轮”，线上“阅读邮轮”就可以开始了。

图画邮轮

参考网上介绍的“爱达·魔都号”邮轮系列照片，手绘一幅“邮轮简图”。

研学规划

依据网上提供的资料，说一说大致有几个值得一玩的地方，填写于表 3－1 中。

表 3－1　规划邮轮上的“玩”

邮轮可玩的地方	可玩的内容

续 表

邮轮可玩的地方	可玩的内容

从网上还可以寻找到相关的文学作品——“诗”或“文”。

我找到与邮轮研学有关的文学作品和主要内容是:

受此启发,对邮轮研学预期的理想目标如表 3-2,引导邮轮研学活动开展。

表 3-2 小学生邮轮研学的学习目标

	邮轮相关知识文化	邮轮发展国家情怀	邮轮研学素养提升
小学(A 级)	结合简单案例,初步了解邮轮构造以及邮轮科技、经济、艺体等文化元素,知道邮轮文化是世界文化一部分	借助提供事例明白邮轮文化背后受国家和国际影响的道理,建设海洋强国需要发展邮轮事业	结合某个实践活动感受邮轮对自身的生活挑战和生涯发展,由此产生对邮轮某个问题的探索兴趣和实践尝试

二、体验邮轮,人生旅行

参加本次邮轮研学活动是人生不多的经历。为使这种经历变得更加丰富多彩,邮轮生活更加充实有趣,和同伴一起共同合作,互相鼓励,努力完成以下单元研学任务。

单元 1 我喜欢的邮轮——多角度描述邮轮特点

(1) 我在船上的“家”——

这次(________年________月________日),我在邮轮____________号上“安家”了!哇!这艘邮轮竟然高达________层!我的这个临时“家”位于邮轮的第________层,是在该层的(船头□、船中□、船尾□)部位(在符合实际的□中打“√”)。

我仔细观察这个“家”,用一句话来表达自己的感受,那就是:

____

(2) 我问了船员才知道——

我们的邮轮好比像一座“移动的城堡”,拥有许多设施,如“喷泉泳池”“图书馆”“青少年活动中心”等。按照老师布置的“定向活动”任务,我这次到过的地方有:

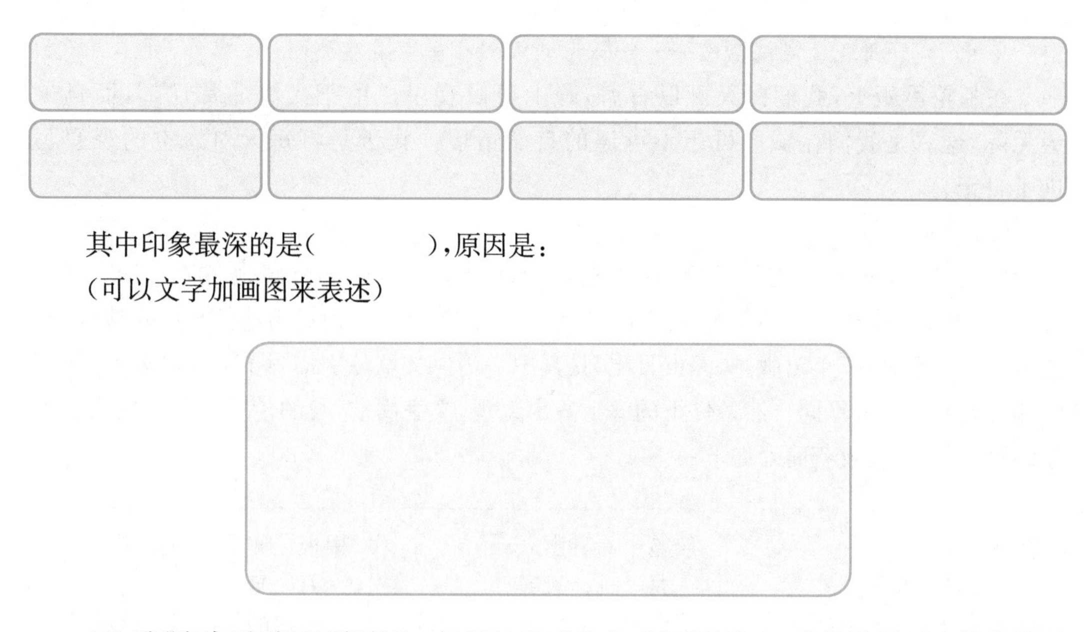

其中印象最深的是(　　　　　),原因是:

(可以文字加画图来表述)

(3) 我“安家”的船是“邮轮”。但船的类型很多,以下图片中,我就认得不少其他类型的船——(填写在图片下空框里)

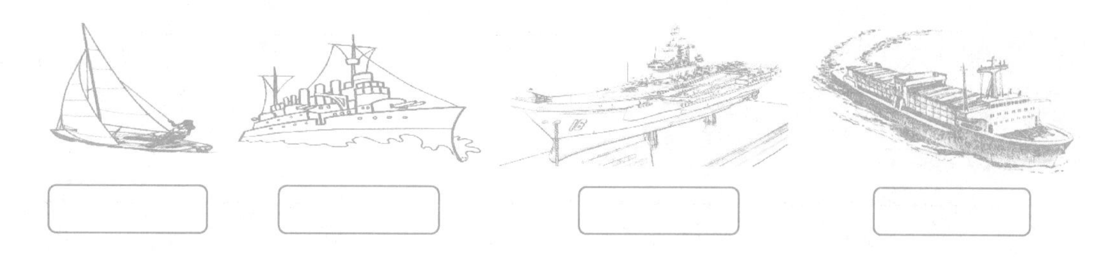

(4) 寻找邮票上的故事——

下面是一帧中国的邮票,请将其简要故事写出来。

邮票上的故事:

(5) 我行走在邮轮上,发现了邮轮与上面其他船舶以及邮票反映的舟船都有不同,主要表现在“大”“全”“以人为本”方面。分别简单解释如下。

“大”的表现	
“全”的表现	
“以人为本”的表现	

单元 2 在邮轮上看海观星——邮轮上对海景和星空的观察日记

在邮轮甲板上，我们白天可以看海，晚上可以观星。由于大海非常辽阔，而且一望无际，这真是我们在城里可想不可遇的自然情境。我于是将每天对海空的观察写进了日记。

(1) 我的“看海日记”——

各人书写看海的角度不一样，在邮轮不同部位看海的所见所感也各异。1927 年 2 月，著名作家巴金从上海踏上英国邮船“昂热号”去伦敦留学。他将沿途的见闻写成《海行杂记》一书，于 1932 年出版。《海上日出》是其中一篇。文章分别描写了天气晴好、白云飘浮和薄云蔽日三种不同自然条件下的海上日出奇观，文字简洁，写的传神。我这次在船上不同地方看日出，收获简介如下：

船头看日出——
__月__日，天气______
我面对的海面风浪情况是：
______________________。
看的日出情况是：______
____
____
____
______________________。

船舱中看日出——
__月__日，天气______
我面对的海面风浪情况是：
______________________。
看的日出情况是：______
____
____
____
______________________。

甲板□船尾□看日出——
__月__日，天气______
我面对的海面风浪情况是：
______________________。
看的日出情况是：______
____
____
____
______________________。

除了看日出，我对海还有新发现(可针对下面内容选择一二进行描述)：

海上的彩虹(　　)　海中的鱼儿(　　)

海水的颜色(　　)　海风的温度(　　)

(2) 我的海上观星日记——

夏季星空的重要标志是从东北地平线向南方地平线延伸的光带——银河，以及由 3 颗亮星，即银河两岸的织女星、牛郎星和银河之中的天津四构成的“夏季大三角”。天气晴朗时，夏季的银河在大海上观察，极为清晰。

在我们中华民族古代传说中，有关于“牛郎”与“织女”的故事。当我们仰望星空时，能看到这两颗星星跨过“银河”而相会吗？为什么呢？将看到的现象和原因说明一下。

晴朗的夜晚，在海上观星空，一定会有“满天星斗”的感觉！如果还有一弯月亮也在星空，这就更美了！

有学生将看到一弯月亮相伴一颗亮星景象用照相机拍一张照片(见图 3－2)，另一名学生就以“月牙伴星辰”为题画了一幅图(见图 3－3)。请你判断：照片会是真的吗？图画有科学道理吗？答案写在下框中。

图 3－2

图 3－3

照片的真假？

图画科学吗？

这也算是我的“游轮观星日记”。在邮轮上观察大海，收获当然还会有很多。

单元 3 海上朗读和作画——阅读与海或航海相关的文章，为海景或邮轮文化绘画

如何与邮轮深交成“朋友”？这就需要寻找一定的载体和主题。包括与邮轮“对话”、与航海“牵手”、与航海人交流、与文化人“梦会”等。

(1) 在邮轮上讲“航海日”故事。

我们的邮轮航行在大海上，这也是在“航海”。我们知道，7 月 11 日是中国航海日，这是为了纪念一位中国古代著名航海家，他就是下列选项中的(　　)。

A. 秦代的徐福　　B. 唐代的鉴真　　C. 明代的郑和

2021 年 7 月 11 日是这位中国古代著名航海家第一次带船队下西洋 616 周年纪念日，他那次带船队出发的港口是下列选项中的(　　)。

A. 江苏太仓　　B. 浙江宁波　　C. 福建泉州

这位中国古代著名航海家领衔庞大船队多次远洋航行，为“海上丝绸之路”开展探索。

据你所知,船队开辟“海上丝绸之路”的次数达到下列选项中的(　　)。

A. 六次　　B. 七次　　C. 八次

请你在寻找和阅读相关“中国航海日”资料后,写一句最想表达你感受的话。

(2) 参加多种多样的“海上朗读”活动。

首先选择巴金的《海上日出》一文进行朗读。

为了看日出,我常常早起。那时天还没有大亮,周围很静,只听见船里机器的声音。天空还是一片浅蓝,很浅很浅的。转眼间,天水相接的地方出现了一道红霞。红霞的范围慢慢扩大,越来越亮。我知道太阳就要从天边升起来了,便目不转睛地望着那里。果然,过了一会儿,那里出现了太阳的小半边脸,红是红的很,却没有亮光。太阳像负着什么重担似的,慢慢儿,一纵一纵地,使劲儿向上升。到了最后,它终于冲破了云霞,完全跳出了海面,颜色真红得可爱。一刹那间,这深红的圆东西发出夺目的亮光,射得人眼睛发痛。它旁边的云也突然有了光彩。/有时太阳躲进云里。阳光透过云缝直射到水面上,很难分辨出哪里是水,哪里是天,只看见一片灿烂的亮光。有时候天边有黑云,而且云片很厚,太阳升起来,人就不能够看见。然而太阳在黑云背后放射它的光芒,给黑云镶了一道光亮的金边。/后来,太阳慢慢透出重围,出现在天空,把一片片云染成了紫色或者红色。这时候,不仅是太阳、云和海水,连我自己也成了光亮的了。这不是伟大的奇观吗?

阅读毛泽东主席作的词《浪淘沙·北戴河》。

大雨落幽燕,
白浪滔天,
秦皇岛外打鱼船。
一片汪洋都不见,
知向谁边?

往事越千年,
魏武挥鞭,
东临碣石有遗篇。
萧瑟秋风今又是,
换了人间。

查找写作的时间、地点

阅读我们学生的作品《我的航海梦》。

我有一个梦想，长大后成为一名航海家。我能驾驶着自己设计的船在大海上航行，进入神秘的海洋深处，解开那一个个谜团。我梦想中的船与众不同，它的船头和船尾都有一个尖角，因此起名为“二角号”，绰号“铁二角”。船身上下总共有五层，从侧面看过去它的形状有一点儿像蛋糕，你可别小看这个“蛋糕”！它可不只是外表好看，船很大，上面能站许多人。它足足有30米长，8米宽，高度有六、七层楼那么高，重量大概有70吨，是一个真正的庞然大物。它的那五层楼，每层都有它的功能。最底下的是地下室，它主要是用来存放逃生用的救生舱的，防止船只遇到巨浪或者其他意外时没有逃生工具。倒数第二层是休息室，是给船员和乘客用来小憩的。第三层是一个娱乐室，若是觉得旅途漫漫，百无聊赖，不如去休闲娱乐室和三五好友一起跳舞唱歌。第四层是驾驶室，这层是船长和船员们的工作室。这是一个艰巨的工作，既要躲避巨浪，又要躲避冰山。第五层就是一个观察室，用来观察天气变化、海面情况的。最上面还有矗立着几个大烟囱，它们像士兵一样笔直地站立着。这就是我梦想中的船，我自己设计的船。我相信，总有一天我的梦想会实现，那些沉醉在海洋深处的谜团也会被勇敢自信的我们一一解开的。

(3) 为海洋和邮轮“画像”。

海洋的风光是丰富无比的，包括洋面上波浪、海鸟，水中鱼类，岸边景观，等等。请参考提供的图片，创作一幅。

生活在邮轮上的这几天，所见所爱不少，请用图画来表现邮轮：既可以是部分，也可以是整体。

三、立项目，再研究——继续深化研学

邮轮研学的感受是我们一生经历的组成部分，最有意义的是，对自己后来的学习和生活会产生明显的影响。为此，我们需要思考后续的探究项目。

寻找还有待探究与解决的问题。比如，通过邮轮研学，我们看到的景色（见图 3-4）引发对“船与海”的关系的一些思考。

图 3-4 邮轮研学所见景色

（1）探究海流和航行——

我们知道，因为江河有激流，就有了“漂流”活动项目。但不知大海是否有“海流”并影响到船的航行。这次看到了，也拍到了海流的照片。对照相关资料，知道这次乘邮轮去程和返程所受到的海流影响可能将不一样。我记录了去程的时间为________小时________分，而返程的时间为________小时________分。是否受到了海流影响？在古代海上丝绸之路，不知是否也遇到这样的情况？值得作为问题来继续探究一下！

（2）探究海风与航行——

我们还知道，帆船航行就是靠风的吹动。大海上航行，海风影响是更明显的现象。曾听说海上“无风三尺浪”，而看到了夏季的海风比大陆上要强多了，风和浪对航行肯定影响很大。我根据下面地图上标出的这次大概的航线（以上海到三亚为案例），判断这次航行遇到的是：顺风□，逆风□，侧风□，其他□；事实是：______________。

我找到喜欢探索的相关问题是：

把发现的问题设计为一个探索小项目，并提出探究方案，简单介绍于表 3-3 中。

表 3-3 设计为一个探索小项目

项目的名称	
探究的目标	
探究的方法	
需要的条件	
最终的结果	

第二节 初中“邮轮研学”创课程

一、收集资料，询问邮轮

邮轮有什么特点？如果你还未曾上过邮轮，也没有听别人讲过邮轮的故事，那就先借助网络做一番“预见邮轮”的“云”上之旅，再明确研学的目标，规划一次邮轮研学活动。

网上阅读邮轮。利用网络的百度等平台输入“邮轮”检索，可参考下列要求开展线上“阅读邮轮”到“询问邮轮”。

图说邮轮

网上图像搜索：尝试下载一幅“邮轮结构示意图”（见图 3-5）。

参考相关照片或示意图，借用“思维导图”方式，将邮轮结构按“船体”“装备”“功能区”等不同表示出来。

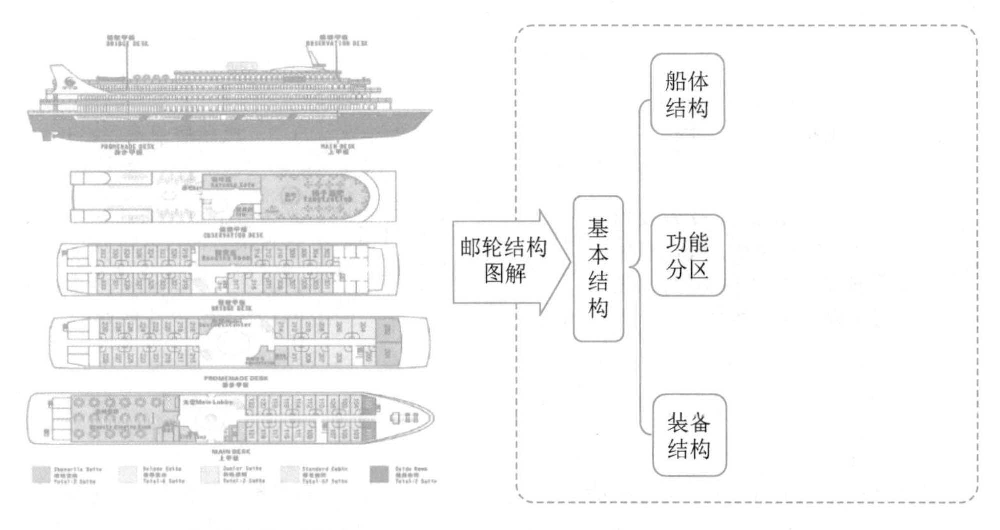

图 3-5 邮轮结构示意图

研学规划

邮轮上有哪些可探究的主题？从网上查阅，填写于表 3－4 中。

表 3－4　规划邮轮上的“探究”

邮轮可探究的地方	可探究的内容

从网上还可以寻找到相关的文学作品——“诗”或“文”。

我找到与邮轮研学有关的文学作品和主要内容是：

受此启发，对邮轮研学预期的目标成果如表 3－5 所示，以引领邮轮上的研学活动开展。

表 3－5　初中生邮轮研学的学习目标

	邮轮相关知识文化	邮轮发展国家情怀	邮轮研学素养提升
初中 (B级)	结合多个案例，了解游轮构造以及邮轮科技、经济、艺体等文化元素，理解邮轮文化是世界文化一部分	运用实例理解邮轮文化与国家或国际密切相关的基本原理，明确如何发展邮轮事业有助海洋强国建设	联系多个实践活动感受邮轮研学经历对自身的生存挑战和生涯发展，从中能发现值得探索的课题进行初步研究

二、体验邮轮，人生旅行

邮轮研学活动是人生不多的经历，为使这种经历更加丰富多彩，邮轮生活更加充实有趣，和同伴一起共同合作，互相鼓励，要努力完成以下单元研学任务。

单元1 探知邮轮的科技——直接感受与间接探索相结合

(1) 感受邮轮之"大"——

邮轮大小一般用"吨位"来衡量。但这个"吨位"是指船重量吗？非也，我们说的吨位一般是总吨位(gross tonnage)，即船舱内部所有空间的容积，每单位 100 立方英尺(约2.83立方米)，所以，这实际上是容积单位，而不是个重量单位。而现代邮轮总注册吨位(GRT)是用来划分船只大小的一个重要依据，如表 3-6 所示。

表 3-6 邮轮等级划分

邮轮等级	小型邮轮	中型邮轮	大型邮轮	巨型邮轮
GRT	2 万吨以下	2 万～5 万吨	5 万～7 万吨	7 万吨以上

实地考察所登上的游轮，其 GRT 是：__________，属于等级：__________。

(2) 探究邮轮之"行"——

邮轮像一座"移动的城堡"，但它的移动来自怎样的力？具有怎样的特点？我们在邮轮上如何感受这样的移动？我们不妨探索一下。

右边照片拍摄的是在中国航海博物馆里的一件展品——"镇馆之宝"明代福船模型(见图 3-6)。该模型告诉我们的是，让船行进的力是靠人工划桨。我们在邮轮提供的相关资料上，这个"桨"与图示有何不同？使邮轮之桨动起来的力来自什么？

图 3-6 明代福船模型

请将答案填写于下面示意图：

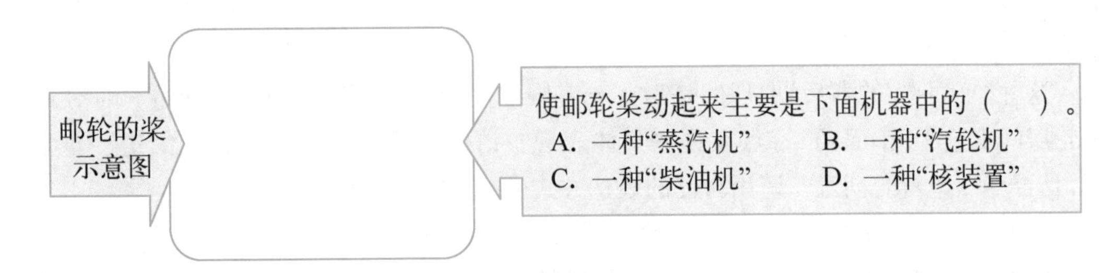

邮轮之"行"的速度会有变化，首先当然是因为操作机器的动力所决定的。根据在邮轮生活过程中的体验，现在感到还应该受其他自然因素影响。我们的认识如下：

自然因素	对邮轮之"行"的影响表现

如能对其中因素的动态规律做探索,则更加有价值。

邮轮之"行"的方向会有变化。有一诗句"大海航行靠舵手",说的就是通过对船"舵"(见图 3-7)的把握来控制船行方向。而邮轮是怎样用"舵"把握方向的?我们也来探索一下。

有兴趣还可以结合"船舵的系统结构"解读(搜索相关内容):轮船的转向是通过船舵来控制的,即舵轮(方向盘)依靠液压或机械传动装置控制舵轴,使舵叶方向发生改变,从而控制轮船方向。舵叶是控制轮船转向的核心部件。

能使该系统"智能化"吗?你可以将自己的创意思路或设计用文字或简图呈现出来。

图 3-7 舵

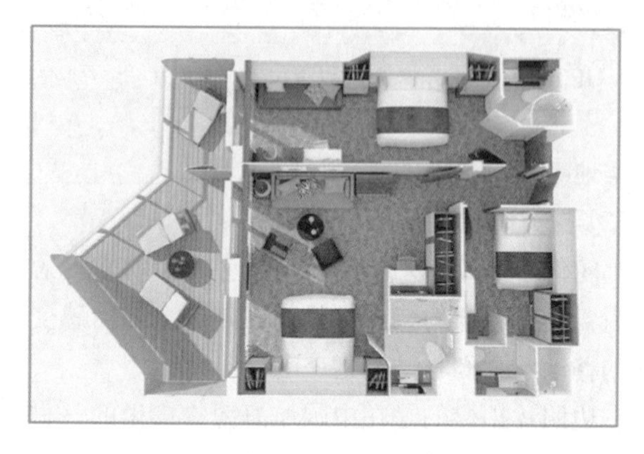

图 3-8 邮轮套房平面图

(3) 分析邮轮之"巧"——

邮轮的世界很大,能体现"行稳致远"的特点。但如回到自己住的房间,就会发现这个空间之小。邮轮房间,如内仓房、海景房、阳台房,设施设备基本"五脏齐全",就是都显得"小":床位很小,卫生间也很小,但又非常"巧"。图 3-8 是从上向下看到的套房平面图。

这种"小而巧"的背后,展现的是对邮轮有限空间充分利用的一种技术创意。你住的邮轮房间中这个"小而巧"特点有哪些具体表现?请举例解释。对这个特点的进一步发挥,是否有一些新的创意?请用自己的表达方式(图文均可)呈现出来。

单元 2 享受邮轮的艺术——描述并评价邮轮的文艺项目

伴随邮轮文化从西方传入中国,中国的邮轮行业在过去十年中实现了爆发式增长,目前正处于稳步过渡阶段。2019 年,已有近 300 万中国旅客选择搭乘邮轮出境旅行,中国邮轮行业年均客运量增长超过 40%。这些数字背后是一个又一个游客对邮轮度假以及邮轮文化的认可,毫无疑问的是,目前中国已经成为全球第二大邮轮市场。这里有着坚实的消费者基础,同样也承载了众多的消费者期待。回望中国邮轮行业过去的多年发展,伴随皇家加勒比的"海洋航行者号"及"海洋水手号"在中国的部署,中国邮轮行业进入了"大船时代",而 2015 年,"海洋赞礼号"及"海洋量子号"两艘新船部署到中国市场,则掀开了中国邮轮市场"新船时代"的序幕,首次将科技感带到了邮轮旅行中。邮轮以其独具的海洋特色、体验式等特征为游客营造出独特的生活方式，无疑完美地契合了消费者对旅游消费转型的需求，使游客可以享受吃、住、行、游、购、娱为一体的一站式精致服务。其中文艺和体育类的邮轮文化项目，可能对我们学生更具有更大吸引力。

表 3－7 是某邮轮的某航次上某日节目清单内容。我们可以从中认识邮轮研学的特点之一就是安排有众多文艺、体育等体验性活动。

表 3－7 节目清单

时间	节目内容	活动地点	位置说明
9:30	海上尊巴健身操	中庭广场	5 层船中
10:00	海上巨幕电影《我们出生在中国》	星空影院	17&18 层船中
11:00	手工艺课堂："英国玫瑰"制作	交响乐餐厅	5 层船中
12:30	某名牌杂技表演	中庭广场	5 层船中
13:00	艺术品预览派对	艺术长廊	6 层船中
15:00	华尔兹舞蹈课堂	中庭广场	5 层船中
16:45	海天水光秀：与音乐交相辉映	星空影院	17&18 层船中
17:30	海上钢琴师：为您演奏最爱钢琴曲	中庭广场	5 层船中
18:00	海上爵士乐之夜/品牌音乐队	皇冠海鲜烧烤吧	7 层船尾
20:45	欢乐表演秀：老外表演，博你一笑	公主剧院	6&7 层船中
21:30	皇家音乐庆典：英国经典音乐	中庭广场	5 层船中
23:00	正装夜舞会派对	中庭广场	5 层船中

(1)"我的赏析"——

你如果登上该邮轮遇见类似的文艺节目，请选择其中之一，对其做要点分析。

(2) “我也能秀一把”——

你是否会被邮轮所安排的文艺节目“唤醒”艺术激情，想表演一番？可选择下面给出的“关键词”，来表示你的“秀一把”。

你准备“秀”的文艺领域是(　　)。

A. 朗诵　　　　B. 演唱

C. 舞蹈　　　　D. 绘画

E. 演奏　　　　F. 其他

把你“秀”的具体内容写下来，并附上现场照片。

(3) 体验邮轮的体育类活动——

邮轮上的体育活动，有传统的一般项目，也有游戏式的项目、结合科技的项目等。请将你所参与体验过的邮轮体育活动项目分享给大家吧。

获得的主要感受是：

单元3　邮轮上感受海洋魅力——零距离观海的感悟

我们对海洋的了解大多是通过书籍和媒体介绍得到的，是一种间接的认识。今天在邮轮上，我们就可以直接面向海天，感受这广阔“蓝色世界”的魅力了。

(1) 感受不同海域的环境特色——

我国是一个海洋大国，正在建设海洋强国的伟大历程中。那么，在邮轮上面对浩瀚大海，在体验中会有什么值得探索的问题？

海洋和陆地其实是一种“生态共同体”，在地理书上，我们可以学到的海陆地貌知识有许多，从陆地伸向海洋的这一段，环境变化很大，也与海权概念相联系。

邮轮离开了码头后行进在了什么海域？把能见到的海域环境做好记录，有文字的，也有照片的，这样，一个鲜活的大海就在你的记录下成为一种纪念，也可能成为留下的一个问题，设计在今后去探索的小课题中。

请将记录填写在表 3-8 中，并在表格右面的框格里附上照片。

表 3-8 记录单

时　间	海　域	环境特点

关于海域，还有地名意义上的划分。如我国所临的海有四大海域，由北而南，分别为渤海、黄海、东海和南海。那么，如果我们的邮轮航行在邻近我国大陆的海域上，由于海域的不同，环境也会有差异吗？根据手册的参考资料，你可以与目前邮轮所在的海域进行实地对照，从而加深理解和验证书本资料上的知识信息。

环境特点可以考虑气温、天气、能见度、海水颜色与清洁度、海洋生物、气味等。

(2) 感受海洋水体的动态特点——

“观水有术，必观其澜”出自《孟子 · 尽心上》。“海纳百川”“大海的生命就在于海洋的生生不息”，这样的话语在启发我们，看海的真谛就是要看到海洋水体流动的一股生气！那么，海水的动态变化有什么科学特性呢？

除了“海流”（也叫“洋流”），还有一种现象即“海潮”也值得我们探究。

每年农历的八月十八，被中国人称为是“观潮”的日子。潮水是由于太阳、月球对地球表面的水体“引潮力”引起的。引潮力大小与两个天体（地球与太阳或地球与月球）的质量成正比，与两者距离的立方成反比。为此，月球的位置对地球引潮力大小更具有决定意义，其周期变化也就与农历的“月”相关更大。邮轮上观潮不如在“杭州湾”观潮那么惊心动魄，是因为观潮处的地貌形态不同。但一旦邮轮航经类似“杭州湾”一样的海洋地貌区，也可能看到具有"惊心动魄"的海潮现象。联系你的真实体验,将是否看到这种海潮现象及其原因写出来。

单元 4 书写邮轮航海之旅——用日记或散记方式记录海上研学活动

海上研学旅行可以说是人生旅行的一部分。以下项目可根据兴趣选其一二进行。

(1)"我的采访散记"——

在邮轮上工作的岗位角色可以说是一个"大社会",从一级部门看就有许多,包括海事部、酒店部、信息部、仓储部、财务部、设施清洁部、保安部、人力资源部、餐饮部、市场营销部、娱乐部、宾客服务部等。在一级部门下,还有细分的二级、三级等部门。

海事部对邮轮而言很关键,但其人员一般不直接和客人产生关系。我们最可能接触到的是宾客服务部、餐饮部和娱乐部的工作岗位人员。你如果想深入了解一下邮轮上不同岗位工作人员的职业特点和相关故事,就需要直接去当面采访。经过权衡比较,你的采访对象、内容和收获可记录在表 3-9 中。

表 3-9 采访记录

采访部门与人员	
采访主题	
采访记录	
采访感悟	

(2)"我的美食品尝"——

我们一般的生活是一日三餐,而在邮轮上还可能有午后茶等待遇,为此,我们的"饮食在游轮"与平日的生活不同,是一件值得设计和玩味的美事,也可以成为海上研学旅行一个既有趣味又可探究的独特内容。

邮轮上大致可分为自助餐厅和主题餐厅两类,另外还有各种酒吧、烧烤吧等。它的分布在船的不同层次和部位;菜肴类型既有西餐,也有中餐。饮料、酒类同样丰富多样,供大家选择品尝。

你可以制订一份每天三餐不同的菜单,到不同的餐厅或酒吧去品尝。将某天的餐饮安排填写在表 3-10 中。

表 3-10 餐饮安排

餐 别	餐饮类型	餐厅或酒吧名称	品尝心得
早 餐			
午 餐			
午后茶			
晚 餐			

(3) “我的即兴文创”——

进入邮轮安排的主题培训现场，在互动式的氛围下，一种创作的冲动会油然而生，不妨盘点自己原来的兴趣和特长，结合邮轮上的主题内容、曾经的梦想，展现一下才艺和创意下的可视化作品，或者“小创客”现场即兴发挥。

有一个符合“碳达峰、碳中和”主题的项目是“变废时装秀”，主要以“变废为宝”理念，使邮轮的社会教育功能得到体现，也支持了游客尤其我们学生的创意设计与物化，以及综合实践活动成为时时处处的全天候存在现象。

如果有船模制作，也是一个选项。你的选项和成果请分别记录下来。

(4) “我的情感醒悟”——

经历一次邮轮上的海上研学旅行，心情很放松也很快乐，同时也对船上不少感人故事留下了深深的印记。如果有些景象被定格，会让自己的心灵有所动。下面是定格的两个景象。

针对这样的景象，你有什么感悟之言？可以简单总结出来。

单元 5 发现邮轮之谜——寻找邮轮尚存在值得探索的问题

“移动的城堡”邮轮上现场体验，有“从不知到知”收获，也会产生某些“质疑”。

(1) 质疑邮轮之“安”——

邮轮的安全性是最重要的，如何避免类似“泰坦尼克号”沉船事故的发生？我们就此可以谈一谈邮轮安全问题。

(2) 提升邮轮之“品”——

通过在邮轮上的亲身体验,由于游客的结构差异较大,兴趣爱好也大不相同,你可能会碰到个别素质不高的游客,总结如何提高游客的文明素质,从而提升邮轮的游览品位。

(3) 构筑邮轮之“梦”——

对邮轮的未来发展,你是否可以进行一下创新畅想?“我想让邮轮成为……”——构筑“梦”中之新邮轮！例如:

我心中的邮轮就是一所“移动创新大学”——

跨大洋穿时空 人文科技大学	设置的学院——“郑和书院”“环境环境学院”“海底世界实验室”……还可以设置有:

我心中的邮轮是一所“超级海洋博物馆”——

“与海共存” 万国博物馆	布局的区域——“古代舟船迷宫”“历史海难馆”“海洋生物标本馆”……还可以有:

三、立项目,再研究

邮轮研学最有意义的是对学生的后续的学习和生活会产生明显的影响。为此,我们需要思考后续的探究项目。

其一是为拓展学习经历寻找若干需要“跨学科”探究的课题

例如,在南海地区的邮轮研学过程中,根据观察到的景象,可引发的问题如下:

(1) 海生植物与海洋环境如何和谐共处?

我们知道,广大的海洋中生活着比大陆上多得多的生物总量,而且生物种类数量也比大陆上多得多。其中拍到的一张照片反映了一个特别的海洋生态系统(见图 3-9)。对此,准备做后续研究。

图 3-9 南海地区照片

(2)“赤潮”的成因与危害分析。

我们还知道,在海上尤其是大陆架区域的航行中,经常会发现一种名为“赤潮”的海洋污染事件。这类海洋环境污染的情况,会对世界许多相关国家和居民带来不少生活和生产上的问题。如何认识这种污染事件的产生和危害？如何预防或消除这种事件？这些都值得我们去探索。

其二为人类面对海洋实现可持续发展，寻找若干需要通过实践探究的课题

在邮轮这个生活世界里，外界是浩瀚的海洋，容量巨大，好象可以是任意排放废弃物的无限大的“垃圾桶”。但我们知道，环境的容量都是有极限值的，都受平衡原理支配，海洋当然也如此。一旦平衡被破坏，带来的灾害必然是全球性的并且难修复的。为此，需要充分认识邮轮上绿色生活的意义。下面几个问题值得深究：

(1) 邮轮生活垃圾处理体系设计(限量排放、科学分类、变废为宝、无害处理等)。

(2) 邮轮洗涤剂使用和排放的“绿色化”(洗涤剂成分、用量、排放前绿色处理等)。

(3) 邮轮淡水资源的循环利用(污水净化原理、技术、装置、保障等)。

其三是值得探究的小课题或小项目

把有兴趣进行探索的问题立项，并提出探究方案，简单填写于表 3－11 中。

表 3－11 探 究 方 案

项目的名称	
探究的目标	
探究的方法	
探究需要的条件	
最终的结果	

第三节 高中“邮轮研学”创课程

一、收集资料，探究邮轮

邮轮有什么特点？如果你还未曾上过邮轮，也没有听别人讲过邮轮的故事，那就先借助网络做一番“预见邮轮”的“云”上之旅，从解读和质疑开始，再明确研学目标，规划邮轮的研学项目。

图画邮轮

网上解读游轮：利用电脑网络相关平台输入“邮轮”，网上“解读邮轮”就可以开始了。

网上图像搜索：下载一幅“邮轮”照片或三维图像示意图(见图 3－10)，就其船体结构和品质高低做观察分析，将相关评价认识借助“思维导图”来解读。

图 3-10　邮轮三维示意图

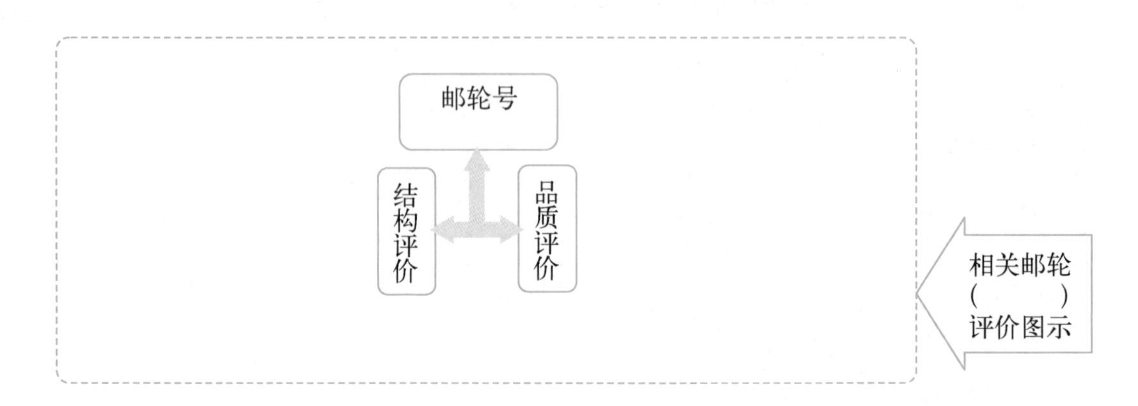

研学规划

邮轮上有哪些可改进的问题？从多渠道查阅相关资料，邮轮大致有几个值得改进的课题(见表 3-12)。

表 3-12　邮轮问题探索项目设计

邮轮可改进的问题	对改进的设想

从网上还可以寻找到相关的影视或戏剧作品，用文字做简单概述。

我找到与邮轮有关的影视(戏剧)作品及其主要内容是:

综上,对邮轮研学规划如表 3-13 所示。

表 3-13 邮轮研学规划

	邮轮相关知识文化	邮轮发展国家情怀	邮轮研学素养提升
高中 C 级	结合具体项目任务,对邮轮构造、科技、经济、艺体等文化元素进行解读,解释邮轮文化是世界文化一部分	自立具体项目任务,探究邮轮文化与国家相关性的基本原理,能提出发展邮轮事业、支持海洋强国建设的建议	联系邮轮系列实践活动,感受邮轮研学对自身的多重挑战和生涯影响,由此提出有探索价值的课题进行深度研究

二、体验邮轮,人生旅行

邮轮研学活动是人生不多的经历,为使这种经历更加丰富多彩,邮轮生活更加充实有趣,和同伴一起共同合作、互相鼓励,要努力完成以下单元研学任务。

单元 1 叩问邮轮的功能与安全

(1) 探究邮轮前行之“力源”。

邮轮像一座“移动的城堡”,但它的移动来自怎样的力?具有怎样的特点?我们在邮轮上如何感受这样的移动?我们不妨探索一下。

图 3-11 是关于古代风帆之舟的一种描述,反映的是大自然存在让船行进的“力”,即风力。有本领的航海人依靠风力甚至能在接近逆风的情况下也能让船前行。物理学科在力学分解部分也告诉我们有这个“奇怪”的事。图 3-12 是对这个现象的较为科学的解读,从力学视角借助图像回应舟船前行的力源问题。你对此是否有认同?说出你的理由。

图 3-11 古代风帆之舟

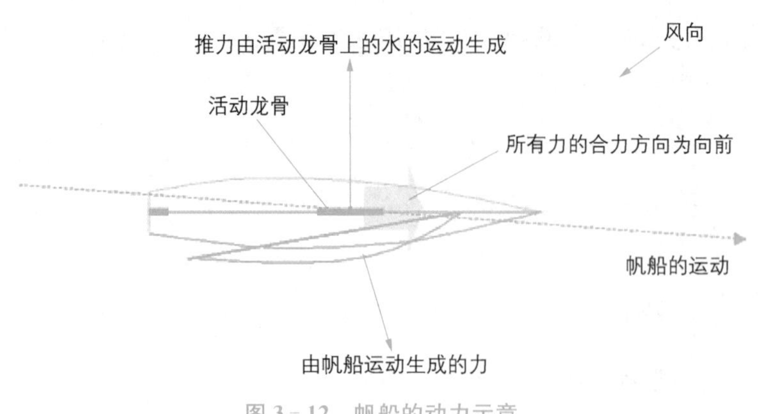

图 3-12　帆船的动力示意

但是,对现在的大邮轮而言,靠风力推动航行显然已经“不靠谱”了!为此,现代邮轮的一个重要部分就是动力系统。现代邮轮动力系统的“四大流派”如表 3-14 所示。

表 3-14　现代邮轮动力系统的“四大流派”

流　派	工　作　原　理	代表游轮	占比数据*
“柴电”推进系统	由柴油机为电动机供电输出动力	“海洋交响号”	143/195
“柴燃”混合动力系统	柴油机与燃气轮机单独或共同输出动力	“玛丽皇后 2 号”	10/195
柴油机动力系统	由柴油机输出动力	传统邮轮	33/195
燃气轮机动力系统	由燃气轮机为电动机供电输出动力	“千禧号”	8/195

* 根据英国克拉克松研究公司对 2000 年后完工交付的 195 艘豪华邮轮的统计。

从目前全球提倡“碳达峰”“碳中和”的发展趋势和要求,试评价不同动力系统的发展前景,以及预测一下可能出现何种新的“绿色动力系统”。

除了动力系统,邮轮是怎样用“舵”把握方向的?我们也来探索一下。船舵的系统结构如图 3-13 所示。轮船的转向是通过船舵来控制的,舵轮(方向盘)依靠液压或机械传动装置控制舵轴,使舵叶方向发生改变来控制轮船方向。如何使该系统“智能化”?你可以将自己的创意思路用文字或简图表达出来。

(2) 优化邮轮的“精巧”。

邮轮的各种空间面积有限,但无论是各种房间还是露台,设施设备“五脏齐全”,而且十分“精巧”。图 3-14 可以体现这种“精巧”,这种“精巧”展现出对邮轮有限空间充分利用的技术创意。

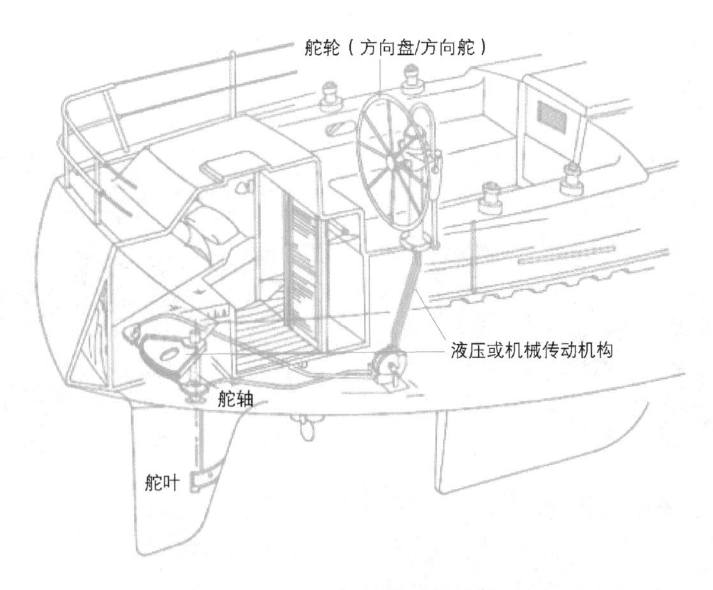

图 3-13 船舵的系统结构

(1) (2) (3)

图 3-14 邮轮的各种空间

请你判断：图 3-14 反映的邮轮部位各是什么？大概在哪里？按提示填写于表 3-15 中。

表 3-15 邮轮空间分析

照片编号	判断在邮轮上的部位	基本依据分析

对“精巧”的邮轮空间有哪些完善建议？请用文字或简图表达出来。

(3) 评析邮轮本体的安全性。

邮轮安全是一个多因素、多指向的课题，包括邮轮本身因素和物流、人流带入的因素。

我们来到邮轮,首先需要在熟悉邮轮生活的同时对邮轮设施的安全使用要求进行了解,也需要参加诸如“救生演习”等培训(见图 3-15)。

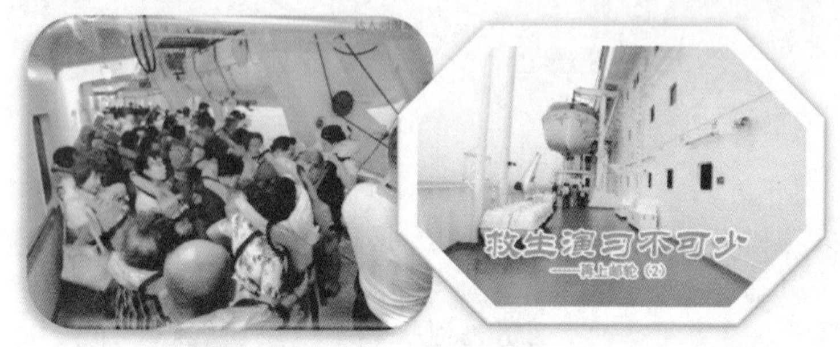

图 3-15 邮轮救生演习

一旦邮轮发生机械设备故障,或者遇到自然灾害,就会启动“救生”措施。一般而言,对邮轮本体的安全行评析,以下说法中,你最认同是(　　)。

A. 只要关注邮轮设施本身安全　　　　B. 关键在于救生通道布局合理

C. 针对乘客的培训任务有落实　　　　D. 上述三点组成救生必要条件

(4) 评析邮轮物流的安全性。

这里所谓邮轮“物流”的“物”,包括邮轮上各种生活用品。这些“物”及其“流动”过程,都应有一定的安全要求。

图 3-16 由码头向邮轮运送物品

图 3-16 反映的是由码头向邮轮运送的物品,到船上后都需要经过检验再放进邮轮的仓储系统。当然,只依靠船上检验是不够的,还需要前推到物品采购、运输等过程。相对于国际成熟邮轮市场而言,我国的邮轮市场虽然前景可观,但发展尚处起步阶段,包括旅客服务、物资供应等方面还有较大差距。根据你在邮轮上的活动和观察,认为对于普通物品安全方面,感到放心的和需要改善的方面,各举一例。

(5) 评析邮轮饮食的安全性。

对于饮食安全，要结合邮轮的生活习惯来认识。我们的日常生活一般是一日三餐，但在邮轮上还可能有午后茶等待遇，为此，我们“饮食在邮轮”与平日生活不同，是一件需要特别设计和体验的差事。如何保障饮食安全，可以结合自己理解，设计成可探究的独特内容。

你可制订每天不同的菜单，到不同餐厅或酒吧去品尝，但要提前列出饮食安全的注意事项，填入表 3－16 中。

表 3－16 邮轮菜单与饮食安全

餐 别	餐饮类型	餐厅或酒吧名称	安全注意事项
早 餐			
午 餐			
午后茶			
晚 餐			

单元 2 邮轮科技体验活动探究

联系以往的相关阅读、参观和当下的直接体验，对邮轮上的科技活动进行探究。

(1) 如何对邮轮的动向进行定位？

如果在网上下载一幅海图，范围中包含有本次邮轮的全程航线，则可以借助科技手段和相关的电子设备，对邮轮位置及其变化进行“图上作业”，这是航海安全前行的基本技术。在古代的航海实践中，船舶的海上定位依据天象，即观察星空某些恒星的位置来确定船舶的位置。而现代船舶依靠的是人造卫星定位系统。目前世界上有四个卫星定位系统，请查阅资料后完成表 3－17 对四个卫星定位系统的比较。

表 3－17 四个卫星定位系统的比较

定位系统	全球定位 GPS	格洛纳斯 GNSS	伽利略 GSNS	北斗系统 BDS
控制者				
组网时间				
定位精度				

(2) 如何增强邮轮上的智能环境？

2017 年 7 月国务院印发《新一代人工智能发展规划》，提出了面向 2030 年我国新一代人工智能(Artificial Intelligence，简称 AI)发展的指导思想、战略目标、重点任务和保障措施,为我国人工智能加速发展明确了方向。那么,邮轮上如何运用人工智能呢?

一是"机器翻译"。邮轮上的人,包括工作人员和游客,来自不同国家或地区,一般多使用英语交流,对多数中国游客而言,就会产生邮轮生活上不便或困难。目前可以应用的机器翻译平台不少,例如,基于讯飞自主研发的机器翻译引擎,支持多达70+个语言与中文互译,适用于翻译机、同声传译等场景,可提供公有云接口及私有化部署方案。但是,要想提高机器翻译的译文质量,还有很长的路要走。对此,我们不妨就借在邮轮生活的机会,来做运用机器翻译软件进行中英文现场翻译的比较调查,填写在表3-18中。

表3-18 中译英翻译比较

中 文	英文翻译1	英文翻译2
请问是喝红茶吗?	Excuse me, drinking red tea?	Excuse me, drinking black tea?

二是"智能控制"。"智能控制"与"自动控制"有相通性,都可以按设计的程序自行运行,但两者也有一定差别,前者具有识别和自动调整等"智慧"特征,而后者不一定拥有此功能。我们在邮轮上可以将"人脸识别技术""互联网平台"与各种生活场景相结合,提升邮轮智能化水平。这两项技术可以对邮轮上哪些设施进行智能化改造?

三是"智能化"生活实践与创新。运用智能手机或平板电脑扫描邮轮上列出的引导游客认知、活动或生活的二维码,将自己的体验与改进建议写出来。

单元3 探索邮轮文化的多元特征

邮轮文化的多元特征,可以从多个层面去考量:在概念层面,在涉及静态与动态关注不同地域的情感层面,以及在针对海洋、港口于邮轮的亲身体验后对生涯发展的感悟层面等,都可以结合邮轮研学进行探索。

(1) 邮轮多元文化包括环境文化、服务文化和活动文化。

这些文化现象都首先指向邮轮。邮轮的环境文化,主要是指硬件环境,能够进入眼帘和吸引眼球的邮轮外在环境,是否注意从"文化"视角来建设和观察,即分别从文化供应角度和文化接受角度,进行分析与探究。

对"服务文化",可以结合于前面的"饮食安全"等话题中一起探索与评价。

对"活动文化",可以结合在前面的"文艺活动体验"环节中进行评价探索。

(2) 邮轮上的中华传统文化与西方优秀文化共存状态。

随着世界各国旅游业的不断发展,邮轮产业已逐步形成,邮轮旅游主要航线从欧美逐渐向世界其他地区扩展。于是,"邮轮文化"慢慢成为人们的关注点,不同文化的交流和共享也渐渐借助邮轮而趋向常态化。学生可以就邮轮的中西文化交流提出自己的建议。

(3) 航海与港口文化融于邮轮文化对职业生涯发展的启示。

航运航海的实质就是将旅客和物资从一个港口运往另一个港口。而邮轮是航海的一种特殊形态，可以让航行变成一种文化享受，注重“移动的城堡”的文化建设，将不同港口之间的海上旅行成为人生的一个旅途。请将这种旅途的感悟表达于图 3 - 17 中。

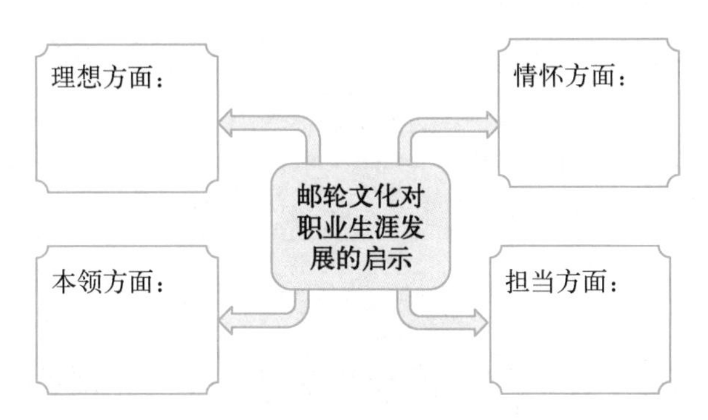

图 3 - 17 邮轮文化对职业生涯发展的启示

三、立项目，再研究

针对初中的“海生植物与海洋环境如何和谐共处”“赤潮的成因与危害分析”和“海洋实现可持续发展的若干实践探究”等项目有了探究体验的基础，高中可以寻找更多个性化的探究项目，聚焦邮轮未来发展的问题。

第一，开展邮轮新航路的课题项目研究。

例如，乘“破冰号”邮轮前往南极洲“长城站”或“穿越北冰洋”研学体验，中国南海三沙市岛礁间“永兴号”邮轮研学行。

说明：南极地区为陆地，南极洲为主体；北极地区为海洋，北冰洋为主体。两地都属于寒带，气温低，绝大部分海面有冰层覆盖。两地季节相反，即南极洲及周边海区每年的冬季正好是北冰洋海域的相对“夏季”(气温没有达到夏季标准)。这些因素需要在设想的项目研究中考虑。

第二，开展邮轮新形态的课题项目研究。

例如，AI 智能背景下的邮轮新形态及其研学体验，“元宇宙”技术打造“VR”等新形态邮轮文化。

说明：全球疫情背景对邮轮的精准管理和防疫水平提出了全新的要求，如果要继续发展邮轮经济，就需要以数字智能赋能邮轮管理，提升其对疫情的管控水平。运用好“虚拟现实(VR)”“增强现实(AR)”甚至“混合现实(MR)”技术，会给邮轮研学活动带来全天候和全时空的便利。这些因素在设想的项目研究中需要有所考虑。

第三，开拓其他方面的课题项目。

把有志于进行探索的问题立为项目，并提出探究方案，简单填写在表 3 - 19 中。

表 3-19 未来的探究项目

项目的名称	
探究的目标	
探究的方法	
探究的主要步骤	
探究需要的条件	
预期的结果	

第四节 "零碳船"模型设计与制作

一、收集资料,问询"零碳"

"零碳"是指通过碳减排和碳抵消等措施,实现二氧化碳排放无限接近于零的过程。船的运行需要动能,而动能的产生需要借助一定的能源转化。一切矿物能源在使用过程中排放的碳,都会对环境产生影响,最显著的就是产生"热污染"并影响气候变暖等灾害。为此,控制碳排放是当下的国际话题。

网上阅读

利用百度等平台输入"零碳",网上阅读就可以开始了:"零碳(carbon neutral)是全球最流行的词汇之一,目的是减缓气候变化。'零碳'并不是不排放二氧化碳,而是通过计算二氧化碳等温室气体排放,设计方案抵减'碳足迹'、减少碳排放,达到'零碳'。"

"零碳"具有多重意涵,学生将查到的内容填写到表 3-20 中。

表 3-20 "零碳"主要意涵解读

零碳生活	零碳政府	零碳能源	零碳交通	零碳建筑	零碳企业	零碳家庭	零碳馆

创客规划

图 3-18 是上海市到 2050 年希望达到的低碳发展路线，主要为“三大环节、四大举措”。输入环节的主要举措为控制好能源结构，即以利用“绿色能源”为主落实低碳目标；中间环节则有两大举措，一是控制能源需求，二是控制能源高效益；输出环节是要通过汇合、捕捉、封存等举措达到控制碳直接排放入环境。

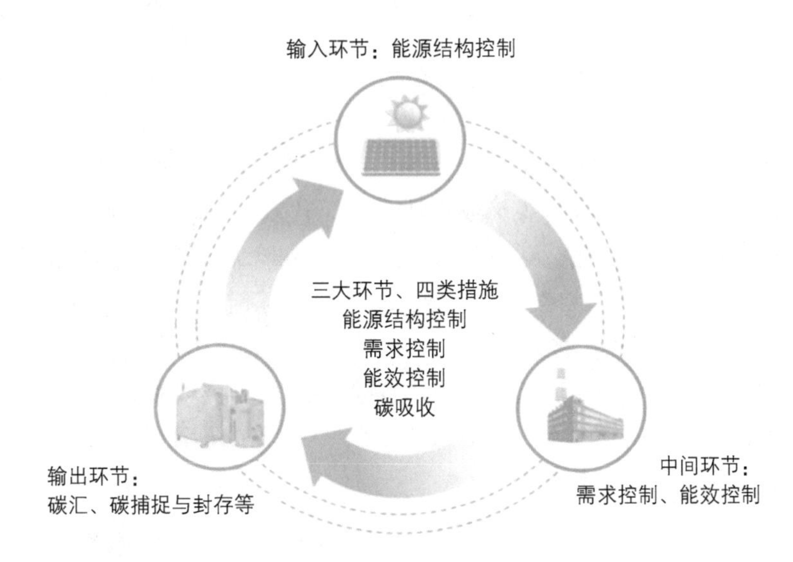

图 3-18 上海低碳发展路线图

受此启发，对“零碳船”模型制作项目的课程目标如表 3-21 所示。

表 3-21 “零碳船”模型制作课程目标

环节	利用绿色能源(输入)	提高能效工艺(中间)	争取“零排放”(输出)
成果设想	船模在前行中使用的能源，需要以“太阳能”“风能”为主要对象； 提高对绿能的分析和选择能力	选择合适的“储能”设备和技术，将绿色能源转化为船模动能； 学会对能耗数据收集和分析	形成对“零碳船”排碳的数据收集和情况控制，掌握相应测试技能； 能将模型的低碳特色亮点作梳理总结

二、体验项目研究实践全过程

可以由简易入手再开放性向科技含量高、创意成分浓的模型迭代发展。

单元 1 选择“零碳船”样本对象

(1) 关于船型的选择。

“零碳船”的船型选择，可先从了解大致有哪些船型开始。从民用的角度，比较大型的船型如邮轮、集装箱轮等。而从军用船型看，船舰类型可能更丰富。你可在"中国航海博物馆"或某个船厂的参观研学中了解更多这方面知识，再选择适合自己或小组的"零碳船"。请将选择方向写在下面：

我们的选择是：	选择的依据是：	选择前研学点：

(2) 关于能源类型的选择。

驱动船舶航行的传统能源是煤炭或石油，这都与"双碳"倡议有所相悖。船运每年产生的二氧化碳排放量约为 8 亿～8.5 亿吨，占全球排放量 2.3%。对此，国际海事组织制定并提出了温室气体减排初步战略，目标为到 2050 年全球航运业碳排放量与 2008 年(10 亿吨)相比减少 50%。同时，我国也确立了"双碳"目标，即二氧化碳排放力争于 2030 年达到峰值，努力争取 2060 年实现"碳中和"。通过技术创新，实现船舶燃油替代是最彻底、最有效的途径。

未来船舶能源的选项参考表 3－22。

表 3－22 能源类型与特征

类型	低碳能源类	碳中和能源类	零碳能源类
能源	液化天然气(LNG)；甲醇(Methanol)；二甲醚(Dimethyl Ether)	生物燃料(Biofuels)；电燃料(Electrofuels)	氢燃料(Hydrogen)；氨燃料(Ammonia)；电池(Battery)
特征	化工能源中，释放的 CO_2 相对少的能源，技术处理应要相应要求	释放的 CO_2 来自于大气系统中自然存在的 CO_2，不会造成 CO_2 总量的增加	以海上风能、太阳能制氢为代表的绿色制氢途径将成为发展趋势

对于表 3－22 的内容，你有什么认识？可以从哪些方面得到印证？请将你的认识等写在下面：

我们的认识是：	依据和印证是：	我的选择是：

单元 2 “零碳船”模型的设计与制作

（1）关于“零碳船”模型的设计。

① “船模”的结构要素。对“船模”的结构和基本要素了解是设计“零碳船”模型的基础。为此，建议先做必要的学习：通过观察学习船舶的诞生与发展，可以认识船舶技术对社会发展的重要意义；通过理论学习与实验探究，可认识浮力、重力与船型设计对船舶航行的影响；通过调查研究与课堂理论学习，可认识船舶发展背后的现实因素与“零碳船”的必要性；从不同的能源特点、应用难点出发，思考未来“零碳船”的发展方向。以此为基础，对“零碳船”模型结构要素进行设计。

例如，“喷水快艇”船模的结构与外形如图 3－19 所示。

图 3－19 喷水快艇的结构与外形

船体通常都有甲板、侧板、底板、龙骨、旁龙骨、龙筋、肋骨、船首柱、船尾柱等构件组成。实际船体结构比较复杂，而船模结构较为简单。

② “零碳船”模型设计。结合去上海长兴江南造船厂或浦东南汇新城中国航海博物馆等研学的经验，按小组进行船型和能源选择后后的设计。

③ 从意图和价值等方面在大组展示交流“零碳船”模型设计图，在共享各组经验和互评启发基础上，完善设计图，并就准备材料、工具、负责工艺等方面进行分工。

说明：图片引入，让学生了解船舶在人类发展史上举足轻重的作用，通过列举不同时期的船舶设计，感受船舶的演变与技术的发展。通过短片或历史图片，了解中国船舶的发展历程与中国百年工业的辉煌发展历程，同时引出未来船舶技术的发展方向。针对设计的“零碳船”模型，对照上述思想如何体现进本设计方案或图纸，做特别介绍，为后续课程活动做铺垫。

④ 结合信息技术或数字化智慧型要求优化“零碳船”设计。优化对船舶设计的要素归纳，并就如何实现船舶的稳定、软件仿真测试船型设计等进行升级设计。

说明：这是通过课堂与学生探讨归纳的船舶设计要素与船舶稳定性设计经验，让学生对船舶设计有基本的思路，帮助学生在下一步分组设计中在一定的理论基础上展开想象、大胆设计和勇于创新。

（2）关于“零碳船”模型的制作。

① 准备模型材料、制作工具和作业坊。

模型材料清单:	制作工具清单:	作业坊选择:

② "零碳船"模型制作的分工。

小组内任命:按设计制作模型的不同构件,分别任命总设计师、电气设计师、舾装设计师、船舶设计师。

按设计要求,小组内不同角色负责船模不同部分的制作工作,在整合个体智慧时需要小组内成员密切沟通协作。

说明:通过对时代背景与技术原理的学习,培养学生理性思维能力、大局意识。在学习中温习物理、数学基础知识,从船舶的相关知识出发,思考环境与社会问题,认识到国家环境保护政策的必要性,结合现实条件,分析"零碳船"的实现途径。培养学生的知识应用能力、社会责任感。通过课堂实践应用所学知识,及时巩固应用加深记忆,帮助学生对所学知识有深刻理解。在制作中锻炼学生动手能力与问题解决能力。在小组分工合作中培养学生团队意识。

(3) 组织"零碳船"模型的成效竞赛。

参考表 3-23～表 3-25 的指标进行成效评价,按评价得分表彰优秀"零碳船",并为其颁发设计证书。

表 3-23 船体结构外形评价

主要指标	参 考 要 求	评价分(0～10 分)
结构完整性	船体结构要素齐全,互相结合(配合)良好	
外形合理性	形状符合船舶类型规范要求,比例合理	
功能完备性	各结构要素均能发展对船体航行发挥好作用	

表 3-24 船模航行质量评价

主要指标	参 考 要 求	评价分(0～10 分)
载重量	符合"浮力定理"下运力的最佳状况	
航 速	在相同能量支持下的航行速度较快	
稳定性	符合船体重心与浮心科学合理下的稳定状况	

表 3 - 25 符合“零碳”要求评价

主要指标	参考要求	评价分(0～10分)
能源类型	符合“绿色能源”的品质要求	
能耗水平	在相同航速、运力下的能耗较低	
碳排放情况	能源产生和利用真正做到“零碳船”要求	

三、立项目,再研究

注重跨学科项目研究方式,聚焦“零碳船”等绿色船舶的未来发展的问题,开展新的项目设计和研究。

第一,践行低碳发展,打造绿色船舶的中国探索。例如,中国船舶建设积极推行“节能先行,绿色引领”理念,采用“源头-管控-末端”等综合治理模式的探索;推动技术创新,打造绿色船型,如双燃料动力超大型集装箱船建设研究;推动清洁生产创建“无废工厂”,改进船舶制造工业生态的研究。

第二,支持低碳高效的智能船舶建造的中国探索。例如,在“低碳”“零碳”理念下大数据引入船舶建造和运行,信息技术聚焦自动感应和智能处理等的探索;“北斗导航系统”和“遥控技术”支持“零碳船”航行的实践探索。

第三,多能源利用与开发“混动”绿电增能船舶的中国探索。例如,以智慧蓄能设备改进为基础的耗能与蓄能双向互通,提高效能、降低能耗的探索;福建舰航母“电磁弹射”对舰机起飞增能降耗的模拟研究;自制太阳能“零碳船”模型的设计与制作尝试。

第四章　“航器—水下机器人”创课程模块

第一节　初中“水下机器人”创课程

一、课程背景

2016 年 9 月国家发布《中国学生发展核心素养》指出，要以培养“全面发展的人”，需要具有的核心素养中包含创新实践和科学精神。其中信息科技教育要使学生获得科学、技术、工程和数学等方面知识，同时培养学生创新精神、动手能力、编程能力和团队合作能力。2017 年教育部出台的《普通高中课程方案和语文等学科课程标准》(2020 年修订)，在通用技术和信息技术的课程标准里加入了机器人、STEAM、人工智能、大数据等方面的学习内容和知识点。2019 年 11 月教育部发布《关于加强和改进中小学实验教学的意见》指出，中小学要完善实验教学体系，加强实验教学要与跨学科教育、编程教育、创客教育、人工智能教育、社会实践等有机融合，着力提升学生的观察能力、动手实践能力、创造性思维能力和团队合作能力。教育部提出积极探索信息技术在“众创空间”、跨学科学习(STEAM 教育)、创客教育等新的教育模式中的应用。上海市临港第一中学结合“润泽海洋文化，滋养师生生命”办学理念，依托临港新片区丰富的海洋科创资源，开设了“水下机器人”创课程，致力于“海洋文化”STEAM 科创教育的研究和实践，通过项目化学习对学生进行创新思维和工程素养培养，通过知识、实践、应用“三位一体”的教学设计，激发学生科创热情，培养未来科技创新人才。

本课程的主要内容与要求：查阅资料了解水下机器人的结构、原理及其应用，了解该领域前沿动态；在实验室条件下设计、搭建、编程控制并运行水下机器人，完成功能测试与迭代改造；模拟真实应用场景，综合应用传感器、摄像头、机械爪等道具完成水下机器人探究功能并进行路演。课程涉及多个学科领域：在初中的物理课中，学生已经了解了“力的平衡”“浮力”等知识；在信息技术课中已学习基本的编程语言；在 6～7 年级的各类科创课程中已经使用过一些传感器，具备了必要的跨学科开展项目研究的基本技能。

二、学习目标和科目任务

(一) 学习目标

(1) 了解水下机器人在军事等领域广泛应用，能认识我国在水下机器人应用领域取得的科研成果对海洋资源调查和科学研究的深远意义。

(2) 通过查阅资料、教师讲解、课堂讨论，掌握水下机器人上浮或下潜、前进或后退、转向的基本原理；掌握水下机器人的结构以及各部分的功能；掌握水下机器人设计的基本方法。

(3) 在制作水下机器人的过程中，能够根据实验室边界条件、基本功能要求、设备测试运行情况等学会设计、制作、测试、改进水下机器人。发现问题并解决问题，提高创新设计能力与工程实践能力。

(4) 能够设计制作水下机器人动力系统，并利用编程知识控制水下机器人；能够使用传感器、摄像头、机械爪等部件模拟水下机器人工作场景。

(5) 能清晰地表达自己的观点，能倾听其他同学的观点与意见并能礼貌地与同学交流。能以路演的形式较正式地介绍小组的成果并成功演示水下机器人各项功能。

(6) 能积极参与团队分工协作，在团队合作中服从分工，乐于帮助其他同学。应用项目管理的方法对项目进度有效管理。

(二) 课程任务

本课程总体任务为：在已有实验室条件下，设计并制作一台能够全向移动的无线控制水下机器人，能使用传感器、机械爪等部件模拟水下机器人工作场景。具体分为以下 4 个单元：

单元 1 项目导入与准备：通过案例介绍和启发，使学生对水下机器人产生好奇心，并初步理解本课程要做一个什么样的水下机器人、设计制作水下机器人有哪些工作内容、设计制作水下机器人的基本方法、海洋创客空间实验室的基本条件、各类工具及可用的材料、安全规范与工程师素养等基本内容。通过引导，帮助学生组成合理的学习团队，明确团队内分工与协作，遵守组长与团队纪律，理解甘特图在项目进度管理中的应用。通过作业来引导学生查阅资料，利用思维导图、互动讨论，梳理水下机器人的前沿应用、我国在该领域取得的重要成果、水下机器人的组成部分及功能。

单元 2 水下机器人结构设计与制作：以单元 1 为基础绘制总体设计草图，讨论各部分功能及制作可行性，完善设计方案。根据设计图纸完成总体框架制作，并对制作的框架进行检测评估，过程中应用物理中的力及力的平衡相关知识解决问题。团队讨论并设计驱动电机的数量、安装位置、安装方向，过程中根据机器人需完成的实际任务分析问题、解决问题。根据机器人的重心测试结果，设计安装珍珠泡沫棉浮力材料。根据布线安装方便、整齐的原则，设计安装控制元件并做好防水措施。通过下水测试，迭代改进水下机器人主体结构，提升工程实践能力。

单元 3 水下机器人动力系统与控制：在前两个单元的基础上，进行无人机动力系统设计与制作，实现动力系统能支持无人机在水下做出前进、后退、转向、上浮、下潜等系列动作。这部分主要涉及实践编程、电机控制、电路连接、无线通信等基础知识。在动力系统设计制作完成后，进行试验调试，测试并记录水下机器人的各项性能参数，针对不足进行迭代改进。小组通过展示与演讲训练表达沟通。

单元4 水下机器人工作场景模拟与竞赛：根据单元1中总结归纳的水下机器人工作场景，增加照明、采样、摄像、传感等不同功能，在实验室中模拟水下机器人的工作场景。设计制作后，经调试、试验，完成功能模块，鼓励各组进行不同创新设计解决特殊场景中的问题。各小组准备正式的展示汇报，介绍小组的成果并演示水下机器人各项功能。

(三) 任务设计思路

本课程包含4个单元，通过知识、实践、应用"三位一体"的功能模块的设计、制作、试验、调试和完善全过程体验，对涉及的科学和技术等相关领域，分解落实相关学科的具体知识和技能。例如，物理领域的浮力、力的平衡等，工程领域的方案设计、材料选取和工具使用等，数学领域的材料测量和价格核算，劳技领域的电子电路连接、传感器原理和使用，信息技术领域的编程。学生通过小组分工合作，解决在设计、制作、调试和完善过程中产生的各种真实问题，完成水下无人机的制作，在"做中学、玩中学"的过程中培养团队精神与创新思维，提升工程实践能力与解决问题能力。

三、学习内容

按各大单元下每个步骤2课时计，共32课时/学期，具体信息如表4-1所示。

表4-1 "水下机器人"创课程学习内容

单元步骤	主 要 内 容	教学/活动目标	课时数
项目导入与准备步骤1	案例教学、初识水下机器人、讨论、分享； 布置查阅任务与思维导图	了解目前水下机器人研究方向； 了解已有不同类型水下机器人； 了解水下机器人在各行业应用	2
项目导入与准备步骤2	思维导图分享、点评； 讲解水下机器人的前沿应用及我国重大科研突破； 视频导入实验室条件下水下机器人解决方案； 分组、破冰并讨论规划项目方案	理解水下机器人的组成部分及功能； 情感认同国家在该领域的成就，有民族自豪感； 理解水下机器人课程的任务目标	2
项目导入与准备步骤3	介绍甘特图在项目进程管理中的应用； 明确组长及团队任务； 讲解实验室工具使用及工程师素养； 讲解现有水下机器人制作材料PVC水管、转接件、剪裁拼接方法	能够绘制甘特图并应用； 能够使用工具、实验室材料实现水下机器人的结构制作	2
水下机器人结构设计与制作步骤1	绘制整体结构草图并讨论、分享； 明确框架结构所需PVC管尺寸、转接件数量等； 设计其他零件图，裁剪合适长度的水管进行拼接	提升工程实践能力； 提升设计计算能力； 完成整体框架结构制作； 掌握基本工具使用方法、培养工匠精神	2

续 表

单元步骤	主 要 内 容	教学/活动目标	课时数
水下机器人结构设计与制作步骤 2	讨论设计电机安装位置及方向； 在设计图中思考电机布置及安装方法； 完成驱动电机的安装测试	分析主体结构对电机位置的安装的影响； 根据实际情况调整方案； 提升设计分析能力	2
水下机器人结构设计与制作步骤 3	测试水下机器人重心位置； 设计安装珍珠泡沫棉浮力材料	了解浮力材料的选用； 分析浮力材料的安装位置； 制作浮力材料适配机器人主体结构	2
水下机器人结构设计与制作步骤 4	设计电源、控制主板、安装位置，并做防水设计； 布线并下水测试迭代改进水下机器人主体结构	了解防水安装的工程方法； 提升工程师素养，了解布线的基本原则、学会使用号码管并做记录	2
水下机器人动力系统与控制步骤 1	学习开源硬件编程软件； 实现数字信号控制小灯开闭	了解编程的基础逻辑：条件、循环、数字与模拟； 利用基本程序设计方法实现灯的开关控制； 了解水下机器人的编程控制方式	2
水下机器人动力系统与控制步骤 2	根据主体结构连接件的位置，安装电机	了解电机及螺旋桨的安装方法； 根据主体结构安装电机； 调整 PVC 水管尺寸以适配电机	2
水下机器人动力系统与控制步骤 3	学习主控板的信号控制方法	了解 mega2560 控制板、L298N 调速板的使用方法； 了解数字与模拟的区别； 学会选用合适的端口并设计电路图	2
水下机器人动力系统与控制步骤 4	根据电机以及主控板进行电路连线	根据电路图连接各端口； 制作延长电线连接电机	2
水下机器人动力系统与控制步骤 5	学习无线手柄信号控制方法； 连接到电路中实现控制信号	了解手柄控制器与无线模块的原理； 连接无线模块电路	2
水下机器人动力系统与控制步骤 6	下水实践测试水下机器人在水中保持平衡； 下水测试水下机器人在水中的移动是否顺利进行	试验调试，测试并记录水下机器人的各项性能参数； 进行迭代改进水下机器人； 测试水下机器人在水下的前进后退、上浮下潜功能	2
水下机器人工作场景模拟与竞赛步骤 1	讨论确定水下机器人工作场景，增加照明、采样、摄像、传感等不同功能； 测试、改进	提升水下机器人功能性； 进行水下抓取物体测试； 创新水下机器人应用场景，并提出合理解决方案	2

续 表

单元步骤	主 要 内 容	教学/活动目标	课时数
水下机器人工作场景模拟与竞赛步骤 2	进行各小组竞赛; 布置整体项目汇报要求	各小组进行水下机器人采样竞赛	2
水下机器人工作场景模拟与竞赛步骤 3	以小组为单位,正式展示汇报,介绍小组的成果并演示水下机器人各项功能; 邀请临港"彩虹鱼"深海科技股份有限公司技术人员点评学生项目	锻炼学生表达沟通能力; 邀请临港水下机器人科技公司专业人士评价学生作品,鼓励学生	2

四、科目设置并实施

(1) 学习对象:八年级学生。

(2) 总课时数:32 课时。

(3) 修习方式:同年级自主选修。

(4) 活动地点:海洋创客空间实验室。

(5) 活动资源如表 4-2 所示。

表 4-2 活动资源明细

代码	货物名称	型号	规格、型号、功能	单位	数 量	提供方
1	水池			个	1	网络购买或学校自建
2	水下无人机材料零件包		铝型材、铝型材转接件、PVC 管、PVC 管转接件、尼龙扎带、螺丝包、绝缘胶带、AB 胶水、泡沫材料、电调(注意和电机匹配)、无刷电机、锂电池、充电器、变压电源、热缩套管等		每组若干,按设计及需求使用	学校自有或网络购买
3	制作水下无人机所需工具		螺丝刀、六角扳手、锉刀、锯子、台钳、电钻、PVC 管割刀、电烙铁、热风枪、剥线钳、钢丝钳、剪刀、万用电表		每组 1 套或各组共用	学校自有或网络购买
4	控制模块		Arduino、树莓派等常见控制模块		每组 1 套	学校自有或网络购买

（6）活动建议。“水下机器人”主题的设计思路是如何设计、制作一个水下机器人，以及经历怎样的过程能够完成这样一个工程类的项目。学生通过该主题收获一个工程类项目的完整过程经验，以及在过程中锻炼解决问题的能力，培养工匠精神和团队协作。整个过程将知识、实践、应用三个层面以项目制的方式融合在一起，提升学生自主学习、工程实践、创新设计的综合能力。

五、学习评价

（1）评价对象：学习小组（非针对每个学生）。

（2）评价素材与评价方法如表4-3～表4-7所示。

表4-3 单元1“STEAM项目导入与准备”评价表

评价内容	等第标准			评价者	得分
	1分	2分	3分		
水下机器人的前沿应用思维导图	有思维导图	有完整清晰的思维导图梳理水下机器人的各类应用	有完整清晰的思维导图梳理水下机器人的各类应用，对我国在水下机器人领域取得的成就梳理清晰，有认同感	自评	
				互评	
				师评	
水下机器人组成部分及功能	梳理了水下机器人的基本组成	梳理了水下机器人的基本组成，对各部分功能清晰	考虑到实验室实际情况，通过讨论设计出水下机器人的基本构架和各部分功能模块	自评	
				互评	
				师评	

表4-4 单元2“水下机器人结构设计与制作”评价表

评价内容	等第标准			评价者	得分
	1分	2分	3分		
水下无人机设计方案	有设计方案	有完整的设计方案，各步骤内容详细	有完整的设计方案，各步骤内容详细，并能按计划执行	自评	
				互评	
				师评	
水下无人机框架制作	制作过程中方法正确，并能安全使用工具	框架结构牢固，不容易散架分离	能考虑到控制系统、功能模块等固定安放的空间	自评	
				互评	
				师评	

续 表

评价内容	等第标准			评价者	得分
	1分	2分	3分		
浮沉测试探究过程	能通过增减浮力材料和调整浮力材料在框架上的安装位置,使得框架在水中成中性浮力状态,且不会歪斜	正确运用相关的物理学原理,计算所需提供浮力的材料的多少,并且和实际结果差距较小	设计中含有能够方便调整平衡的手段,经过测试,能够总结出调整浮力材料在框架上的安装位置的经验	自评	
				互评	
				师评	

表 4-5 单元3“水下机器人动力系统与控制”评价表

评价内容	等第标准			评价者	得分
	1分	2分	3分		
控制系统设计制作与程序调试	控制系统正确接线;能实现无线控制水下机器人	正确接线、防水措施得当、接线清晰有号码管及记录;	正确接线、防水措施得当、接线清晰有号码管及记录;程序设计逻辑清晰、按功能模块放置程序段	自评	
				互评	
				师评	
动力系统设计与制作	能使无人机在水下全向移动	通过测试与试验,在原有基础上有所改进	在理论学习和实践分析中进行反思,进一步提升运行效果和操控性	自评	
				互评	
				师评	

表 4-6 单元4“水下机器人工作场景模拟与竞赛”评价表

评价内容	等第标准			评价者	得分
	1分	2分	3分		
水下抓取物品项目竞赛	能够下潜,完成抓取动作	成功抓取道具	抓取道具用时少,抓取精准,操控熟练	自评	
				互评	
				师评	
功能模块设计与制作	完成一项功能的设计制作,并且运行良好	完成几项功能的制作,并且运行良好	完成一项具有创新性的功能制作,并且运行良好	自评	
				互评	
				师评	

表 4-7 单元 1—4 过程中的展示汇报活动以及团队合作共用评价表

评价内容	等第标准			评价者	得分
	1分	2分	3分		
小组合作水平	分工不明确，部分团队成员参与了项目，但没有能对每位成员自己的工作进行充分解释。没有体现团队协同	分工明确，团队成员促成了最终项目的展示，能明确说明每位成员的具体贡献，但团队成员协同不足	分工明确，团队成员合作完成最终项目的展示，同时又能明确说明每位成员的具体贡献，团队协同工作能力强。学生对于他们的作品自信地做出反应	自评	
				互评	
				师评	
表达与展示	学生和观众有偶尔的眼神接触，汇报基本流畅，并能基本回答教师的直接询问	学生在演讲时能与观众互动，汇报较为流畅，并且能与教师直接探讨作品相关问题，演讲比较精彩	学生直接与教师和观众热烈互动，汇报非常流畅，能对教师的质疑给出充分的答复，学生的演讲报告非常精彩	自评	
				互评	
				师评	

六、课时教案举例

执教班级：水下机器人学生社团

课时教案 1：项目导入与准备(步骤 1)2 课时

教学目标

注意体现知识与技能、过程与方法、情感态度与价值观与项目的结合来培育学生的“工程素养”，分别在“知”“意”“行”等方面有明显提高：

(1) 了解目前水下机器人的研究方向；

(2) 了解已有不同类型的水下机器人；

(3) 了解水下机器人在各行业的应用；

(4) 教授网络搜索查询信息的方法，熟悉电脑操作以及网络的使用；

(5) 通过对水下机器人领域的了解，拓宽学生的眼界与认知，激发学生对于机器人探讨的兴趣与热情。

教学重点

让学生了解市面上水下机器人的发展情况以及不同类型的区别。

教学难点

讨论如何将专业的水下机器人做成简易版的水下机器人。

条件要求

教学环境	教学设备	资源配套
海洋创客空间实验室	教师：电脑 学生：笔记本	关于水下机器人不同行业应用的视频资料
备注：依据单元中的步骤任务要求配置相关条件，以下个步骤同。		

教学过程

环节	学与教的过程设计与主要教学内容	教法说明
新课导入	通过水下机器人视频让学生了解到水下作业行业的发展，水下机器人商用和军用的发展，不同类型的水下机器人特点	通过视频把同学们引入课堂项目
新课教授	引发学生讨论：如果要制作一台水下机器人，可以上下左右前后移动的话，需要哪些设备？让学生了解组装一台水下作业的机器人至少需要准备的材料	让学生们能够自发性的讨论、分享
巩固提高	布置任务，让学生自行搜索制作水下机器人的过程，引发思考：如何选用材料？	提出问题：如何设计制作
课堂小结	总结回顾本节课讲授的水下机器人历史，确认制作类型、有线缆遥控水下机器人	回顾并总结本课程目标

课时教案2：项目导入与准备（步骤2）2课时

教学目标

注重对学生"工程素养"的培育，据此要分别在"知""意""行"等方面有明显提高：

（1）理解水下机器人的组成部分及功能；

（2）理解水下机器人课程的任务目标；

（3）教授网络搜索查询信息的方法，熟悉电脑操作以及网络的使用；

（4）情感认同国家在该领域的成就，有民族自豪感。

教学重点

让学生了解到课程的目标以及分布式的阶段目标。

教学难点

学生对于动手制作类型项目的思路与想法需要拓展开。

条件要求

教学环境	教学设备	资源配套
海洋创客空间实验室	教师：电脑 学生：笔记本	PVC水管套件、水管剪刀、手套、美工刀、卷尺、直尺

教学过程

环节	学与教的过程设计与主要教学内容	教法说明
新课导入	1. 第一次课程作业思维导图分享、点评； 2. 我国水下机器人前沿突破； 3. 公布水下机器人任务目标：实现上下、左右、前后 6 个方向的移动操控，讲解各个不同材料的特性	公布学期项目总目标，根据各个功能目标来思考设计的方案和材料
新课教授	各小组讨论主体结构材料的选用，重点关注材料的轻盈性和重量，根据功能制作设计图	各小组讨论分析各结构材料的选用
巩固提高	引发同学们讨论：如何将选用的材料按不同规格拼接在一起？	引出问题：如何将材料拼接在一起，通过怎样的连接装置能实现高效简单的拼接
课堂小结	总结各小组选择的主体结构材料 PVC 水管的特性，总结各小组选用 PVC 水管的连接件类型	选用 PVC 水管＋各种类型的连接转角件来制作主体框架结构

课时教案 3：水下机器人结构设计与制作（步骤 1）2 课时

教学目标

（1）了解 PVC 水管材料及转接件；

（2）了解制作流程及拼接方法；

（3）裁剪合适长度 PVC 水管并连接；

（4）教授机器人结构框架组装的基本理念，进一步了解如何组装一个牢固的框架；

（5）通过动手组装、裁剪机器人框架，激发学生对于动手制作的兴趣。

教学重点

PVC 水管剪刀的使用，水管拼接的公差问题。

教学难点

水管裁剪安全性。

条件要求

教学环境	教学设备	资源配套
海洋创客空间实验室	教师：电脑 学生：笔记本	PVC 水管套件、水管剪刀、手套、美工刀、卷尺、直尺

教学过程

环节	学与教的过程设计与主要教学内容	教法说明
新课导入	学习制作 PVC 水管主体结构的裁剪，拼接配合及边缘磨合，学习 PVC 水管的拼接方法	教师动手教学剪裁方法，各小组分批上台进行学习

续 表

环节	学与教的过程设计与主要教学内容	教 法 说 明
新课教授	了解到各结构组合时的公差配合,在剪裁制作 PVC 水管时应考虑到可能产生的公差尺寸	动手示范在不考虑公差情况下可能会出现的问题
巩固提高	在学生制作的过程中引导更多关注的是结构整体性,引发学生讨论结构是否牢固?是否可行?并进行改进	引导各小组关注结构的整体性
课堂小结	项目进行回报,各小组主体结构基本完成,但由于考虑电机位置的安装及整体性,将在下周课堂改进	总结分享各小组组装情况与结果,提出改进建议

课时教案 4:水下机器人结构设计与制作(步骤 3)2 课时

教学目标

(1) 讨论浮力材料的选用;

(2) 分析浮力材料的安装位置;

(3) 制作浮力材料适配机器人主体结构;

(4) 通过对浮力材料的讲解,进一步理解浮力材料在生活、工业中的应用;

(5) 通过对浮力材料选用的讨论,了解了方案制定的同时需要满足多种不同需求。

教学重点

浮力材料的安装位置将影响到水下机器人在水中的平衡。

教学难点

对于安装位置的讨论与实验测试。

条件要求

教 学 环 境	教 学 设 备	资 源 配 套
海洋创客空间实验室	教师:电脑 学生:笔记本	水池

教学过程

环节	学与教的过程设计与主要教学内容	教 法 说 明
新课导入	延续上节课的结构制作,加入泡沫材料并安装,了解泡沫浮力材料的尺寸规格及安装适配,选用合适材料	确保之前的制作进度完成后,再继续讨论浮力泡沫的安装
新课教授	分析各组主体结构适合安装的泡沫浮力材料的部分,注意浮力的配比(浮于水面的部分)	动手示范不同位置的浮力泡沫所造成的影响

续 表

环节	学与教的过程设计与主要教学内容	教 法 说 明
巩固提高	提问如何让机器人浮于水面时所有电机沉于水面之下(防止于水面处无法移动),将泡沫浮力材料安装主体结构顶端	引导学生思考问题如何解决
课堂小结	项目进度汇报,主体结构安装完成,已预留电机位置的孔位置	进度汇报

课时教案 5：水机器人动力系统与控制(步骤 1)2 课时

教学目标

(1) 了解编程的基础逻辑：条件循环、数字与模拟；

(2) 编程实现灯的控制；

(3) 了解水下机器人的编程控制方法；

(4) 编程的基本概念,进而熟悉图形化编程；

(5) 通过学习编程的概念,进一步理解编程与程序在生活中的应用；

(6) 通过了解编程在生活中起到的积极作用,激发学生对编程学习的热情。

教学重点

了解水下机器人的编程目标。

教学难点

了解图形化编程菜单栏、指令区、脚本区、舞台区、角色区内容含义与使用。

条件要求

教 学 环 境	教 学 设 备	资 源 配 套
海洋创客空间实验室	教师：电脑 学生：笔记本	Arduino 单片机、灯泡、杜邦数据线

教学过程

环节	学与教的过程设计与主要教学内容	教 法 说 明
新课导入	通过演示 Arduino 控制小灯亮起的效果,教授学生编程控制的原理——单片机发送信号至输出端(小灯亮起)	引入编程的概念
新课教授	教授学生代码编程控制的基础逻辑,给信号输出,引导各小组讨论：如何让电机旋转而实现代码控制小灯常亮的效果?	动手示范编程控制小灯

续 表

环节	学与教的过程设计与主要教学内容	教法说明
巩固提高	提问：如何制作小灯循环闪烁的效果？ 教授循环延时的程序逻辑。	提出问题，让学生自主探索制作
课堂小结	总结 Arduino 编程控制的运行逻辑，并应用到编程控制水下机器人的电机	引导学生将今天学习的知识联想到水下机器人的编程控制上

课时教案 6：水下机器人动力系统与控制(步骤 2)2 课时

教学目标

(1) 了解电机的螺旋桨旋向和安装方法；

(2) 根据主体结构安装电机；

(3) 调节 PVC 水管尺寸以适配电机；

(4) 教授螺旋桨在水中旋转的原理，进一步了解水中动力的产生；

(5) 激发学生对水动力的了解。

教学重点

了解电机位置对于水下机器人运行效果的影响。

教学难点

PVC 水管框架后期调节。

条件要求

教学环境	教学设备	资源配套
海洋创客空间实验室	教师：电脑 学生：笔记本	直流电机

教学过程

环节	学与教的过程设计与主要教学内容	教法说明
新课导入	演示电机的安装方法：螺丝螺母夹紧安装，根据之前主体结构上预留电机的孔位进行安装	动手演示电机安装方法
新课教授	引导学生在安装电机与螺旋桨的过程中注意孔位是否合适？螺旋桨是否会与水管有碰擦	引导学生检查螺旋桨的安装位置是否合适
巩固提高	引发各小组讨论：电机的位置是否与任务目标匹配，要求水下机器人能够上下浮潜、左右前后移动	引导学生在动手的同时不要忘记电机位置的影响
课堂小结	总结并展示各小组的电机布置方案，提出各自的改进建议和想法	总结分享

课时教案7：水下机器人动力系统与控制(步骤3)2课时

教学目标

(1) 了解Mega2560控制板、L298N调速板的使用方法；

(2) 了解数字与模拟的区别；

(3) 选用合适的端口并设计电路图；

(4) 通过Mega2560控制板的选用，了解不同机器人对电路板的要求；

(5) 理解电路板的选用需求，激起学生对于电路的探索心。

教学重点

了解Mega2560控制板、L298N调速板的使用方法。

教学难点

数字量与模拟量的区别。

条件要求

教学环境	教学设备	资源配套
海洋创客空间实验室	教师：电脑 学生：笔记本	Mega2560控制板、杜邦线、灯泡、L298N调速板、面包板、直流电机

教学过程

环节	学与教的过程设计与主要教学内容	教法说明
新课导入	通过演示Mega2560控制板、L298N调速板与电机的连接，让学生了解到信号控制的传输关系	动手示范控制板与调速板的连接方法
新课教授	教授Mega2560的控制方法，数字量和模拟量的区别，L298N直流电机调速板的控制方法	动手演示数字量与模拟量的区别
巩固提高	引导学生设计电路图：电机对应的IN1、IN2、EN端口在Mega2560伤的连接	教授绘制电路图的方法
课堂小结	总结电机控制的运行逻辑，总结程序的运行流程图	总结分享

第二节 高中“水下无人机”创课程

一、课程背景

2017年修订版课程标准推出之时，要求各学科结合自身特点，丰富、充实相关内容。

在发布的21个学科课程标准中,《普通高中通用技术课程标准》特别提及“水下无人机”这项教学任务。北蔡高级中学结合学校航海特色,“水下无人机”创课程应运而生——立足学生核心素养的提升,结合国家战略及产业趋势,打造具有深海技术特色的主题,旨在培养学生的海洋梦,为国家培养产业人才。

本课程的主要内容为利用相关技术,设计、搭建、编程控制和运行水下无人机,并用其完成一系列任务。本课程涉及多个学科领域:在初中的物理课中,学生已经了解了“力的平衡”“浮力”等知识;高中阶段,在信息技术课上学习了基本的编程语言;在物理、化学以及劳技课上已经使用过一些传感器。因此,学生具备了必要的跨学科开展项目研究的基本技能。本课程重点强调水下无人机设计与制作,立足培养学生的工程素养和问题解决能力,学生可以进一步学习计算机编程,也能为未来进入工程或海洋科学等职业领域打下基础。

二、学习目标与科目任务

(一) 学习目标

(1) 了解我国研制蛟龙号载人潜水器发展深海运载技术,对国家海底资源调查和科学研究的深远意义。

(2) 学习利用编程控制水下无人机,具备一定的编程能力,熟悉传感器和电动机、驱动等元器件。

(3) 通过动手制作,培养“耐心、细心、恒心”的工匠精神。

(4) 在设计、制作水下无人机的过程中,能够自主发现问题并根据现实问题需求,设计、制作、测试、改进、完善水下无人机,培养工程思维与设计能力。

(5) 能清晰地表达自己的观点,能倾听其他同学的观点与意见并能礼貌地与同学交流。能积极参与团队合作,在团队合作中服从分工,乐于帮助团队其他同学。

(二) 科目任务

任务1中先进行整体设计,通过一些案例的介绍和启发,学生对要做一个什么样的水下无人机形成基本认识,知道要做水下无人机需要解决哪些问题,初步了解工程设计和制作的步骤。接着,完成框架制作的基础工作,并对制作的框架进行检测评估,过程中学会用物理中的力及力的平衡相关知识解决问题。

动力是无人机在水下运动的基础,在任务1的基础上,任务2接着设计制作无人机动力系统,要求动力系统能够使得无人机在水下做出前进、后退、转向、上浮、下潜等动作。这部分需要掌握编程、电机控制、电路连接的一些基础知识。动力系统设计制作完成后,要进行试验调试,小组展示及检测评估后,对不足之处进行优化。

水下无人机有了动力,还需要有功能部件执行如水下摄像、照明、采样等任务,因此设计了任务3:设计并完成水下无人机的功能模块。要完成这一任务,需要掌握相关传感器及电子元件的原理和使用方法,设计制作后,经调试、试验,完成功能模块。就此,水下无人机的设计与制作总体完成,各小组展示汇报,最后反思讨论,提炼完成“水下无人机”这一工程类项目的经验，思考水下无人机是否还有改进的空间，对水下无人机进行进一步优化。

任务设计思路：本主题包含3个任务，学生先对无人机进行整体设计，再分别完成框架、动力系统、功能模块的设计、制作、试验、调试和完善，过程中涉及科学和技术等相关领域，再在每一个领域分解落实到相关学科的具体知识和技能。例如，物理领域的浮力、力的平衡等，工程领域的方案设计、材料选取和工具使用等，数学领域的材料测量和价格核算，劳技领域的电子电路连接、传感器原理和使用，信息技术领域的编程。任务中的活动聚焦以上几个要素进行设计，构建工程类项目的完整流程。为完成任务，学生需要小组分工合作，解决在设计、制作、调试和完善过程中产生的各种真实问题，完成水下无人机的制作，在优化完善过程中体验工匠精神，最后提炼总结，完成一个工程类项目，获得收获和经验。

三、学习内容

学习内容如表4-8所示。

表4-8 学习内容明细

单元名称	主 要 内 容	教学/活动目标	课时数
任务1“整体设计水下无人机并完成框架制作”	引入—水下无人机概述	了解水下无人机的历史发展，水下无人机的应用介绍，了解组成水下无人机的各部分及其功能	任务1 第一课时
	工具使用及安全须知	工具使用及安全教育	任务1 第二课时
	水下无人机框架的设计制图	小组分工，设计方案，三维视图	任务1 第三课时
	框架制作	框架制作及浮沉测试，各组展示交流、评价反思，框架在水中悬浮且稳定的方法总结	任务1 第四课时
任务2“设计并制作水下无人机的动力系统”	推进器的布局，电动机原理	动力方式及推进器的布局，电动机原理	任务2 第一课时
	推进器的制作	推进器的制作、防水、固定	任务2 第二课时
	推讲器的控制	电源、缆绳的选用，焊接和防水，推进器控制电路的设计与连接，控制程序的编写	任务2 第三课时
	展示测试，故障检测	推进器功率和推力的测量，使用万用表检查电路和故障判断，各组展示交流、评价反思、改进	任务2 第四课时

续 表

单元名称	主 要 内 容	教学/活动目标	课时数
任务 3"设计并完成水下无人机的功能模块"	温度传感器的使用	温度传感器的使用，模拟量换算实验	任务 3 第一课时
	抓手的制作	抓手的制作（液压原理或电动机带动）	任务 3 第二课时
	其他功能模块的制作	其他功能模块的制作（按学生需求选择）	任务 3 第三课时

四、科目设置

（1）学习对象：高中一、二年级。

（2）总课时数：12 课时以上。

（3）修习方式：同年级自主选修。

（4）活动地点：专用教室。

（5）活动资源如表 4－9 所示。

表 4－9　活动资源明细

代码	货物名称	型号	规格、型号、功能	单位	配备数	资源提供方
1	水池			个	1	网络购买或学校自建
2	水下无人机材料零件包		包含：铝型材、铝型材转接件、PVC 管、PVC 管转接件、尼龙扎带、螺丝包、绝缘胶带、AB 胶水、泡沫材料、电调（注意和电机匹配）、无刷电机、锂电池、充电器、变压电源、热缩套管等		每组若干，按设计及需求使用	学校自有或网络购买
3	制作水下无人机所需工具		螺丝刀、六角扳手、锉刀、锯子、台钳、电钻、PVC 管割刀、电烙铁、热风枪、剥线钳、钢丝钳、剪刀、万用电表		每组 1 套或各组共用	学校自有或网络购买
4	控制模块		Arduino、TI 创新者系统、树莓派等常见控制模块		每组 1 套	学校自有或网络购买

（6）活动建议。本主题首先以"我国科技工作者为推动我国深海运载技术发展而自主研制蛟龙号载人潜水器"这一真实事件引入，以此引导学生利用相关技术自行设计、搭

建、编程控制和运行水下无人机，并用它实现一系列功能。本主题以小组为单位进行。在水下无人机的设计、搭建、调试、试验、完善的过程中，进行讨论、展示以及汇报等活动。

五、学习评价

(1) 评价对象：学习小组。

(2) 评价素材与评价方法如表 4-10～表 4-13 所示。

表 4-10 任务 1“整体设计水下无人机并完成框架制作”评价表

评价内容	等第标准			评价者	得分
	1分	2分	3分		
水下无人机设计方案	有设计方案	有完整的设计方案，各步骤内容详细	有完整的设计方案，各步骤内容详细，并能按计划执行	自评	
				互评	
				师评	
水下无人机框架制作	制作过程中方法正确，并能安全使用工具	框架结构牢固，不容易散架分离	能考虑到控制系统、功能模块等固定安放的空间	自评	
				互评	
				师评	
浮沉测试探究过程	能通过增减浮力材料和调整浮力材料在框架上的安装位置，使得框架在水中成中性浮力状态，且不会歪斜	正确运用相关的物理学原理，计算所需提供浮力的材料的多少，并且和实际结果差距较小	设计中含有能够方便调整平衡的手段，经过测试，能够总结出调整浮力材料在框架上的安装位置的经验	自评	
				互评	
				师评	

表 4-11 任务 2“设计并制作水下无人机的动力系统”评价表

评价内容	等第标准			评价者	得分
	1分	2分	3分		
电机工作电压、电流检测实验	正确使用万用电表完成对电压、电流的测量	正确使用万用电表完成对电压、电流的测量。清楚测量电压、电流的目的	正确使用万用电表完成对电压、电流的测量。清楚测量电压、电流的目的。能根据测量结果分析电机的运行情况	自评	
				互评	
				师评	
动力系统设计与制作	能使无人机在水下移动	通过测试与试验，在原有基础上有所改进	在理论学习和实践分析中进行反思，进一步提升运行效果和操控性	自评	
				互评	
				师评	

表 4-12 任务 3"设计并完成水下无人机的功能模块"评价表

评价内容	等第标准			评价者	得分
	1分	2分	3分		
传感器模拟量换算实验探究过程	有完整的实验设计方案,实验数据记录完整	有完整的实验设计方案,实验数据记录完整,能用科学的方法进行数据处理	有完整的实验设计方案,实验数据记录完整,能用科学的方法进行数据处理,且有误差分析	自评	
				互评	
				师评	
功能模块设计与制作	完成一项功能的设计制作,并且运行良好	完成几项功能的制作,并且运行良好	完成一项具有创新性的功能制作,并且运行良好	自评	
				互评	
				师评	

表 4-13 任务 1—3 过程中的展示汇报活动以及团队合作共用评价表

评价内容	等第标准			评价者	得分
	1分	2分	3分		
小组合作水平	分工不明确,部分团队成员参与了项目,但没有能对每位成员自己的工作进行充分解释。没有体现团队协同	分工明确,团队成员促成了最终项目的展示,能明确说明每位成员的具体贡献,但团队成员协同不足	分工明确,团队成员合作完成了最终项目的展示,同时又能明确说明每位成员的具体贡献,团队协同工作能力强。学生对于他们的作品自信地做出反应	自评	
				互评	
				师评	
表达与展示	学生和观众有偶尔的眼神接触,汇报基本流畅,并能基本回答教师的直接询问	学生在演讲时能与观众互动,汇报较为流畅,并且能与教师直接探讨作品相关问题,演讲比较精彩	学生直接与教师和观众热烈互动,汇报非常流畅,能对教师的质疑给出充分的答复,学生的演讲报告非常精彩	自评	
				互评	
				师评	

六、课时教案举例

任务 1 "整体设计水下无人机并完成框架制作"活动设计

建议课时

4 课时(每课时 40 分钟)。

关键目标

(1) 通过课堂及查阅资料,了解水下无人机发展历史、功能和结构组成。

(2) 合作完成水下无人机的整体设计,绘制水下无人机框架的尺寸图,培养工程设计思维。

(3) 学会各项工具的使用，完成框架的制作，并进行相关测试和试验。

任务描述

利用课堂上提供的材料及网络资源，按需求合理设计一个水下无人机，完成框架的制作。(限制条件：根据学校提供的水池大小，建议设计制作的主体框架尺寸不超过80 cm×80 cm×60 cm)

任务类型

设计一个方案。

资源提供

材料：PVC管、PVC管转接件或(铝型材、铝型材转接件)、尼龙扎带、胶带、ab胶水、泡沫材料等。

工具：螺丝刀、六角扳手、锉刀、锯子、钳台、手电钻、米尺、PVC管割刀等。

作品形式

水下无人机整体设计的概念图(纸质或电子)、水下无人机框架的设计图(纸质或电子，含具体尺寸标注)、水下无人机框架(实物)。

评价角度

框架结构是否满足功能要求且尺寸在限制条件内，选择提供浮力的方式是否可行。

注意：此部分涉及的量规和收集创造力证据模板属于初步罗列和设计；在评价指标上，设定诸如“探究与想象”“坚毅与审辨”“合作与担当”等，根据不同模块介绍如下。

探究与想象(A)

学段	待发展	合格	良好	优秀
高中	辨别需要创造性解决方案的问题或挑战	描述问题或挑战的各个方面(如情境、特征、类型、界限等) 辨别解决问题或迎接挑战所需的信息(如什么是已知的、什么是未知的、具体要求等)	辨别问题或挑战的范围，包括结构、约束和限制 透过不同的角度(如伦理、文化、社会、政治、经济、系统思考，或不同利益相关者的观点等)，或从多个立场，确定问题或挑战	重新定义问题或挑战，使用比喻或类比，就如何完成任务提出一个明确的方向(如“个人音乐播放器就是珠宝首饰”的比喻激发了创意产生阶段的创造力，从而导致了iPod的诞生) 重新定义问题或挑战的范围或界限

收集“探究与想象A”的模板：

(1) 最想解决的三个无人机相关的问题是什么？

(2) 师生讨论确定一个问题。

(3) 全面列出该问题的子问题。

(4) 思考在以下限制因素下的各种情况。

被抓物体:
抓手的大小、形状、材料:
抓手的动力来源(电机或舵机或液压)和驱动方式:

(5) 如果你考虑到了其他限制因素,补充在下方。

*(6) 回顾你提出的问题,你觉得你是从哪些视角、角度去思考的?比如亲身试验、别人转告、作为观察者看到等。

探究与想象(B)

学段	待发展	合　格	良　好	优　秀
高中	使用基本的头脑风暴任务(如列出想法清单或想法)产生与问题或挑战相关的想法	使用提供的策略(如头脑风暴、隐喻思维、移情练习、写作活动、系统思维分析、其他学科类似问题的解决方案),产生与问题或挑战相关的多种新想法或方法	使用各种策略(如头脑风暴、隐喻思维、移情练习、写作练习、系统思维分析、其他学科类似问题的解决方案等)产生多个言之有理的想法	策略性地选择和有效地运用创意生成策略 使用比较或类比,形成新的或独特的联系,使陌生的东西变得熟悉,或使熟悉的东西变得的陌生

探究与想象(C)

学段	待发展	合　格	良　好	优　秀
高中	描述他人的想法、解决问题的方法和/或面对挑战的方法	研究其他人的想法、解决问题的方法和/或面对挑战的方法	研究先例以评估新想法的可行性	提出关于其他问题或方法的复杂的、开放式的问题,进而产生原创的想法

收集"探究与想象 B 与 C"的模板:

请记录下可能解决问题的想法(投票讨论)。

想法 1:

a) 请列举你所研究过的和此想法相关的例子(例子可能来自文献、成功案例的图或者视频等)。
b) 例子中的什么信息帮助你进行了此想法的可行性判断?
c) 可行性的判断:高、中、低(团队判断,如 A:高,B:低)。
d) 有必要的话对你的判断进行解释。

想法 2:

a) 请列举你所研究过的和此想法相关的例子(例子可能来自文献、成功案例的图或者视频等)。
b) 例子中的什么信息帮助你进行了此想法的可行性判断?
c) 可行性的判断:高、中、低(团队判断,如 A:高,B:低)。
d) 有必要的话对你的判断进行解释。

想法 3:

a) 请列举你所研究过的和此想法相关的例子(例子可能来自文献、成功案例的图或者视频等)。
b) 例子中的什么信息,帮助你进行了此想法的可行性判断?
c) 可行性的判断:高、中、低(团队判断,如 A:高,B:低)。
d) 有必要的话对你的判断进行解释。

活动流程及实施建议

环节1　边 界 梳 理

活 动 内 容	活动实施建议	活 动 目 的
任务布置： 尝试自己设计、制作一架水下无人机。 第一步，要先完成框架的制作 限制条件：根据学校提供的水池大小，主体框架大小建议在 80 cm×80 cm×60 cm 范围内 介绍学校提供的资源及要求的作品形式	以我国研制"蛟龙号"载人潜水器发展深海运载技术，对国家海底资源调查和科学研究的深远意义作为引入 通过课堂和网络资源，引导学生了解水下无人机的常见功能和组成部分。建议学生合理利用材料（基于教师提供的现有材料，适当发散），整体设计水下无人机，完成框架的制作 根据各学校水池大小等具体情况，限制条件可自行调整 如学生提出的材料需求不在学校所提供材料之列，可酌情考虑为学生添置	需要学生在对水下无人机有一定了解基础上，打开思路进行设计。设计方案不唯一，但有一定限制条件 由于框架是无人机的基础，完成后可以初步检测设计的可行性，因此任务 1 在设计的基础上增加框架的制作和测试实验
任务分析： 要完成任务目标，小组该如何入手？有以下问题需要思考。 (1) 要做一个具有何种功能的水下无人机？它有那些部分？ (2) 水下无人机的动力如何实现？ (3) 如何控制水下无人机，使其能够完成前进、后退、转向、上浮、下潜、悬浮等动作？ (4) 可以选用哪些材料来制作水下无人机的框架？需要防水吗？需要密闭吗？应该怎样连接？	引导学生通过网络获取所需信息，对水下无人机的框架、动力、功能有一个整体的设想 教学时可引导学生利用思维导图对设想进行梳理，进而完成整体设计	形成对任务的目标、条件、细节注意事项等的全面认识

环节2　研 究 实 施

活 动 内 容	活动实施建议	活 动 目 的
小组分工： 为了在规定时间内完成任务，推选项目主管，由其分配任务给其他同学，明确各自的职责。将承担不同任务的同学姓名填写在分工表中	整个项目实施过程中，可以采用小组合作的模式进行。小组成员细化分工，每个成员结合自身特点，具体负责某些工作 告知项目主管要督促小组内的每一位成员都积极参与其中，为了解决问题而共同努力	培养学生的团队意识

续 表

活 动 内 容	活动实施建议	活 动 目 的
设计方案： 制订方案。请说说第一步、第二步、第三步等分别准备做什么？过程中应该注意什么？（学生手册提供了参考步骤）	方案设计的过程中，教师应有明确的规范要求和适当的引导。引导学生制订计划，明确各步骤要做什么，要注意什么	使学生对如何完成整个项目有一定的了解 体验工程项目活动部分过程，形成方案设计意识，设计解决问题的路径，养成按计划完成任务的习惯
新知新技： 学习使用 PVC 管割刀、手电钻、小型台钳、钢锯等工具	具体制作前需要掌握一些工具的使用方法 重点督促学生在使用工具时注意安全	习得各种工具的使用技能 培养安全意识和动手能力
创意物化： 量取合适尺寸材料，为材料加工、拼接和组装做好准备（材料加工包含切割、钻孔等，拼接、组装工作包含使用连接件、粘贴或用螺栓固定）。在学生手册的方框中填写材料的测量数据，画出框架的设计图，完成材料加工、拼接和组装，形成框架	完成框架设计后，先组织学生测量材料的参数，确定打孔位置，完成画线等前期工作 教师先示范如何画框架的设计图，学生按要求画，然后小组合作制作框架	形成单位意识 能熟练地使用米尺、游标卡尺等测量工具进行直接或间接测量 学会把自己的设计以工程制图的形式清楚地表现出来，并利用工具动手完成框架的制作
实验研究： 沉浮测试：选择提供浮力的方式，在框架上装上提供浮力的材料，放入水中进行测试。观察框架在水中的状态，尝试增减浮力材料和调整浮力材料在框架上的位置，使得框架在水中呈中性浮力状态，检验其在水中的平衡性 尝试运用浮力相关的物理学原理，计算需要多少材料来提供浮力，并和实际结果做比较 经过测试，调整浮力材料在框架上的位置，你发现了什么？浮力材料在框架上的位置怎样安装比较好？	初中物理有关于浮力的相关知识，教师可以在此环节观察学生对浮力原理的掌握情况，可以补充“如何达到中性浮力状态”的相关知识。要使无人机在水中保持平衡，则需要补充力的平衡和力矩的相关知识	学会设计测试方案，记录实验现象，并根据实验结果调整框架 培养用科学技术解决问题和通过实验探究来解决问题的能力

环节3 交流反思

活动内容	活动实施建议	活动目的
展示汇报: 各组展示小组分工和水下无人机的整体设想 所有组展示制作完成的水下无人机框架,以及浮沉测试结果	组织交流分享中,借助多媒体展台,呈现设计图纸。框架直接以实物呈现	将自己的观点顺利表达。让同学理解自己的经验和困惑 倾听同学表述,发现问题,提出观点和建议
检验评估: 就“水下无人机设计方案”“水下无人机框架”和“浮沉测试探究过程”三个方面展开评价 然后在检验评价基础上设计方案的迭代改进	评价的内容可以包括:框架结构是否有一定的装载能力,是否牢固、平衡、方便、防水等,并与设计草图比对,检验尺寸大小是否在限制条件内 结合自评、互评和师评等多种方式,引导学生发现不足,进而完善改进	从设计、制作、小组协作等多维度视角来评价任务的完成情况
反思讨论: (1) 整体设计水下无人机时需要考虑哪些因素?考虑了哪些不同的方案?不同方案之间如何取舍? (2) 设计水下无人机框架时,要考虑到哪些最基本的影响因素? (3) 本组所选择的提供浮力的方式是否可行?你认为哪种提供浮力的方式较好?“需要多少材料提供浮力”这一问题,根据物理学原理计算的结果与实际结果是否吻合?如果不吻合的话,计算中可能是哪里出了问题?	引导学生分析思考之前环节中出现的几个结构不良的问题,尝试总结、提炼解决问题的方法	学生在实践中打开思维,提炼解决问题的一般路径,为进一步提升打好理论和实验的基础

任务2 “设计并制作水下无人机的动力系统”活动设计

建议课时

4课时(每课时40分钟)。

关键目标

(1) 通过课堂与查阅资料,了解水下无人机动力的实现方式。

(2) 掌握相关电子电路知识,完成水下无人机动力系统的电路设计,学会动力系统的电路连接。

(3) 掌握相关编程知识,完成水下无人机动力系统的程序设计,学会动力系统的程序编写。

任务描述

利用课堂及网络资源,合理设计水下无人机的动力系统,并先完成动力系统的安装。

任务类型

制作一个产品。

资源提供

材料：控制模块(如 Arduino、TI 创新者系统、树莓派等)、电缆线、电调(驱动模块)、有刷电机(需做防水)、无刷电机、锂电池、充电器、热熔胶、焊锡丝、热缩套管、绝缘胶布、扎带等。

工具：电烙铁、热风枪、剥线钳、钢丝钳、剪刀、万用电表等。

作品形式

动力系统电路连线图，安装有动力系统的水下无人机。

评价角度

安装有动力系统的水下无人机能否在水下做出前进、后退、转向、上浮、下潜等基本动作，是否可操控。

此部分涉及的量规和收集创造力证据模板(属于初步罗列和设计)。

坚毅与审辨(J)

学段	待发展	合　格	良　好	优　秀
高中	描述任务的要求。	提供满足任务要求的一般步骤。	分析产品的组成部分，以辨别清晰、具体、不同的细节和信息的计划。	预见潜在的问题或障碍；有效地规避、克服或从挫折中恢复。

收集“坚毅与审辨 J”的模板：

(1) 主要工作分成哪些个版块？

(软件绘图、编程、硬件制作、知识原理学习)
板块 1：
板块 2：
板块 3：

(2) 这些板块中，那个板块的内容对你难度最大？那个板块你最擅长？

(3) 你觉得那个板块的工作最为关键？那个板块的任务最具不确定性(存在超出计划时间的可能)？

(4) 列出你的时间计划表(画甘特图)。

合作与担当(V)

学段	待发展	合　格	良　好	优　秀
高中	给小组成员提出一般性反馈(如“这看起来不错”或者“我认为你需要对第一部分进行修改”)	提供与任务的既定标准有关的特定反馈 以尊重的方式提出反馈(如批评工作而不是个人,避免使用负面语言,可以说“我认为你可以通过……的做法让这个变得更好”“等下次,你可以用……的做法”等)	提供建设性的反馈以支持小组成员达成小组目标和任务规范(如平衡正反馈和负反馈;提出开放式问题;使用“我注意到了……我想知道……”;使用三步走“表扬、问题、优化”等) 以适合听众和话题的方式提供反馈	调整反馈的内容、形式和风格,以满足个别小组成员的需要,并推进小组的目标(如询问小组成员他们需要什么样的反馈,提供口头反馈以避免曲解语气等) 根据情境、任务和小组木标对反馈进行优先排序(如避免在任务的最后一天提出重大修改建议,关注在目标方面最重要的部分,等等)

收集“合作与担当 V”的模板:

为了完成工作任务,同伴间应该如何沟通合作?相互提出有建设性的反馈(“柔和地”提出意见)。

(1) 高质量地反馈资料。

细节:

(2) 先表扬,进入一个可沟通的环节。

点赞在哪里:

(3) 精准地指出问题。

（4）如何优化？

活动流程及实施建议

环节1 边界梳理

活动内容	活动实施建议	活动目的
任务布置： 完成了框架制作，应让框架动起来了，尝试设计并制作水下无人机的动力系统，让无人机能在水下做出各种动作（建议电源有一定限制：采用直流电源，电源电压一般要求不超过12 V） 介绍学校提供的资源及要求的作品形式	引导学生关注生活中常见的动力装置，以及从仿生角度观察水生生物在水中的运动方式 引导学生合理利用材料和工具，设计并制作水下无人机的动力系统 讲解并辅导学生学习运用控制模块进行编程控制	培养编程能力 熟悉电动机等电子器件的电路连接，掌握电子电路相关知识
任务分析： 如何让无人机获得动力？小组该如何入手？有以下问题需要思考： （1）动力的能源来自哪里？ （2）动力方式是怎样的？ （3）应当将提供动力的装置安装在框架的什么部位？ （4）如何进行防水密封？	引导学生通过教师指导或借助网络获取信息，了解可以给水下无人机提供动力的方式以及适合安装动力装置的部位	形成对任务的目标、条件、细节注意事项等全面的认识 通过分析如何获得动力，对仿生学、机械传动结构等形成认识

环节2 研究实施

活动内容	活动实施建议	活动目的
设计方案： （1）如何控制电机？ （2）电路部分如何设计？ （3）软件控制程序如何编写？	可通过现场演示等方式指导学生了解相关内容	为控制电机及设计电路等基本技能做铺垫
新知新技： 控制模块编程； 电子调速器调的连线使用； 电机、锂电池、电子调速器调连线方式介绍；	每位学生的编程基础不尽相同，所以需要让学生熟悉设备，知道怎样将使用控制模块并进行编程 选用动力件时，要先了解各类电动机的特点及使用场合	学生在编写、修改程序以及不断调试的过程中，逐渐培养编程思维和提升编程能力。并在试错的过程中培养

续 表

活动内容	活动实施建议	活动目的
脉冲宽度调制； 脉冲位置调制； 一般不同平方数的铜芯电线允许长期负载电流值	大功率电机需要由驱动或电调间接控制，所以需要了解电子调速器的连接使用 控制信号分PWM和PPM信号，它们各有不同 连接电机的电线的选择，与电机工作时的电流密切相关 其他新知新技，教师可根据实际需求进行讲解	科学精神和耐心，提升分析问题、解决问题的能力
实验研究： 我们需要保证元器件运行时能够正常工作。虽然设计时会考虑到电机、驱动、电源、电缆间的匹配，但因为电池组输出电流往往会超出其额定值，电路连接也可能存在错误，所以仍然需要实验检验。同时对密封防水措施进行检验 实验操作：用万用电表测量电机工作时的电压、电流，保证不超过额定电压、额定电流。检查电池输出电流，不超过电机驱动器或电调负荷	向学生演示万用电表的使用并指导学生使用	保证元器件能够正常工作 培养学生严谨的科学态度

环节3 交流反思

活动内容	活动实施建议	活动目的
展示汇报： 各组展示控制水下无人机做出前进、后退、左右转向、上浮、下潜等基本动作	直接以实物呈现，在水池中运行，引导各组进行观察	展示汇报制作的成果，检验基本动作是否可控
检验评估： 检验评价水下无人机在水下实际运行时的效果，就电机工作电压、电流检测实验，动力系统设计与制作两方面进行小组自评、互评及教师总结评价	结合自评、互评和师评等多种方式，引导学生发现不足，进而完善改进	从动力方式及安装部位、电路设计、软件程序设计等多视角来评价动力系统
反思讨论： 水下无人机在水下实际运行时有无缺陷? 要达到更好的运行效果，可以如何修改动力系统及其控制程序?	引导学生小组自主研究解决想到的问题	学生在实践中打开思维，自主思考，提升解决问题的能力

任务3 “设计并完成水下无人机的功能模块”活动设计

建议课时

4课时(每课时40分钟)。

关键目标

(1) 通过听课与查阅资料,了解水下无人机不同功能的实现方式。

(2) 掌握相关电子电路的知识,完成水下无人机功能模块的电路设计,学会功能模块的电路连接。

(3) 掌握相关编程知识,完成水下无人机功能模块的程序设计,学会功能模块的程序编写。

任务描述

利用课堂及网络资源,合理设计水下无人机的功能模块,完成动力系统功能模块的安装和联调,完成水下无人机项目。

任务类型

制作一个产品。

资源提供

材料:机械夹(抓手)套件、温度传感器、pH传感器、防水舵机、水下摄像头、水下照明LED灯、电磁阀门、场效应管、热缩套管、电缆线等。

工具:电烙铁、热风枪、剥线钳、钢丝钳、剪刀、万用电表等。

作品形式

实现某种功能的水下无人机(实物)。

评价角度

不必要求所有功能,按课时选择部分功能完成即可。

安装有功能模块的水下无人机能否按照预期目标完成水下作业。

此部分涉及的量规和收集创造力证据模板如下。

探究与想象(E)

创建和验证产品或解决方案的多个版本(A/B测试等)或多个方面。
根据广泛/一般性的反馈或标准,进行复杂的修改或细微的改进。
放弃不会带来最终产品或表现的解决方案。

收集“探究与想象E”的模板:

(1) 初步测试方案制定(教师做一些示范,学生模仿,实验设计、实验数据记录、记录性能参数等)。

(2) 初步测试后微调修改的测试方案。

(3) 说明微调的点及原因,以及为何初步方案未能考虑到这一点。

合作与担当(U)

策略性地寻找和整合来自多个受众或情境的有目标的反馈,如小组成员、其他同伴、教师、专家等。

收集"合作与担当 U"的模板:
学生以专家的身份做出判断:测试时如突发故障应该怎么办?
(1) 记录故障现象。

(2) 排查分析故障原因。

(3) 根据故障原因判断是否需要返工回到建立模型的上一阶段。

坚毅与审辨(L)

准确地反思工作质量;利用反思或反馈来修改想法或产品。
审辨地看待自己的创造过程(如投入时间和精力,探索想法、需要的支持数量等)。
描述创造过程中的学习。

坚毅与审辨(K)

按计划完成产品,满足所有要求,必要时进行更改。

收集“坚毅与审辨 L”“坚毅与审辨 K”的模板:

(1) 测试中哪些部分不如预期?你觉得是什么原因造成了这一现象?

(2) 列举一些突发事件,你是怎样面对解决的?你是否预估到了突发事件的发生?

(3) 把实际各版块工作完成情况与甘特图对照。

(4) 哪些工作还需要得到更多的专家支持与指导?

坚毅与审辨(N)

展现出成长思维(相信通过有效的努力,他或她可以在创造性思维方面变得“更聪明”),以应对挫折和挑战(如坚持执行困难的任务,在学习过程中承担风险,接受并利用反馈/批评,适应犯错误,从成长思维的角度解释失败)。

收集“坚毅与审辨 N”的模板:

经历了整个解决问题的过程,你有什么收获与体会?哪些可以做得更好?

合作与担当(O)

描述小组工作的范围和关联性(如解释工作的关键组成部分，并说明工作的每个组成部分如何适应整体工作的大局)。
建立与长期目标相关的日常目标。
描述角色和小组目标之间的关系(如解释个人努力如何支持小组进展)。

收集"合作与担当 O"的模板：

总结你在团队中的工作，你和团队之间发什么印象深刻的事？你是如何看待个人与团队在完成一个项目时起到的作用？

探究与想象(G)

有目的地挑战现有的边界、限制或与规范/惯例有关的想法(如挑战课堂环境必须在室内、有桌子、由一名教师带领的想法)。

收集"探究与想象 G"的模板：

返回寻找方案部分，重复以上过程。

(1) 水下无人机工作应用情境适当变化，你还能提出什么问题？为什么？(下水深度更深了，考虑户外水下水草缠绕问题等其他改进问题)

(2) 从完成水下无人机这一工程类项目收获的知识和经验，你觉得你能完成其他什么类似的工程类项目吗？列举你的想法。你觉得收获的知识和经验有什么意义？

活动流程及实施建议

环节1 边界梳理

活动内容	活动实施建议	活动目的
任务布置： 动力系统完成后，是时候动手设计并完成水下无人机的功能模块，让无人机在水下完成各项作业任务了！ 介绍学校提供的资源及要求的作品形式	引导学生回忆本主题引入部分所介绍的目前水下无人机的应用领域和范围，提示学生可以从中挑选某种功能，作为本组水下无人机想要添加的功能模块	完成本主题的最后一项任务
任务分析： 你想要使水下无人机具备哪些功能？选择一项或几项开展尝试吧！	根据学生手册上提供的功能参考，确定想要使本组的水下无人机具备哪种功能 除了考虑功能，提示学生还应考虑其他一些问题，例如：要在水下获得这样的功能，应当采用怎样的器材或设备？添加的器材或设备应当怎样与框架结合在一起……	形成对任务的目标、条件、细节等全面的认识 通过分析如何实现功能并实践完成，锻炼解决问题的能力
新知新技： 温度传感器等传感器的使用及原理介绍； 场效应管在开关电路中的应用； 舵机的使用方法	教师讲解演示，学生模仿理解后，自行设计功能 常见功能模块由传感器、由程序控制的开关电路或由舵机带动的机械部件组成。教学中给出这三者中的各一个案例，引导学生触类旁通地尝试实现其他功能	能够在理解的基础上自行设计其他功能

环节2 研究实施

活动内容	活动实施建议	活动目的
设计方案： (1) 怎样实现期望达成的功能？需要准备什么材料或设备？ (2) 电路部分如何设计？ (3) 软件控制程序如何编写？ (4) 功能模块如何与框架结合？	经过任务2和任务3新知新技的学习，本活动步骤可以尝试放手由学生自行探索设计	学生编写、修改程序以及不断调试的过程中，逐渐培养编程思维和提升编程能力，并在试错的过程中培养科学精神和耐心，提升分析问题、解决问题的能力

续 表

活动内容	活动实施建议	活动目的
实验研究： 对于一些传感器收集到的模拟量，需要通过换算才能得到具体的测量结果。 尝试开展实验来获得数据，并对数据进行线性拟合，得到模拟量与实际温度之间的换算公式 记录数据并对数据进行分析与处理	功能模块若涉及传感器的，可增加此环节 程序中利用串口显示命令，读取连接传感器的模拟输入端口的模拟量数值，这个数值并不意味着就是实际值(例如温度传感器显示的温度)，它的本质是个电压值，需要进行实验换算才能得到实际值	有助于学生真正理解传感器的原理和使用

环节3　交流反思

活动内容	活动实施建议	活动目的
展示汇报： 各组展示操控水下无人机的功能模块的运行	直接以实物呈现，在水池中运行作业，各组观察	展示本组无人机的实物成果，同时观察其他组的作品，进行对比分析，能够找到各自的优缺点
检验评估： 检验水下无人机功能模块实际运行时的效果，并就"传感器模拟量换算实验探究过程"和"功能模块设计与制作"两方面展开小组自评、互评及教师总结评价	结合自评、互评和师评等多种方式，引导学生发现不足，进而完善改进	从电路设计、软件程序设计、功能达成等多视角来评价功能模块
反思讨论： (1) 要想使水下无人机的功能模块达到更好的效果，可以怎样对它加以改进？ (2) 设计一个具有创新性的功能模块	学生小组自主研究解决	学生在实践中打开思维，自主思考，提升解决问题的能力

第三节　高中"水下机器人"创课程

一、课程背景

上海海洋大学附属大团高级中学的前身为东海中学，其中"海洋科学教育的实践探索”是学校特色普通高中创建的内涵项目，包含有四点内容：一是打造海洋科普教育平台，营造海洋科普教育氛围；二是开发海洋科普教育校本课程，丰富海洋科普教育内涵；三是开展小型课题研究，满足学生自主发展需要；四是探索海洋文化研究，倡导正确价值取向。

在强化海洋文化教育中，学校构建了课程图谱(见图4-1)，其中海洋科学教育的校本课程得到较好建设，学生的科学探究意识和能力有较大提升。“水下机器人”创课程的开发与实施，是对原来的校本课程群的一次迭代探索，针对AI时代的挑战，在打造学校海洋科学创新实验室2.0版时，引进了“水下机器人”项目，并引进多种资源，按照课程的基本原理，结合校情和学情，开发建设，取得初步成效。

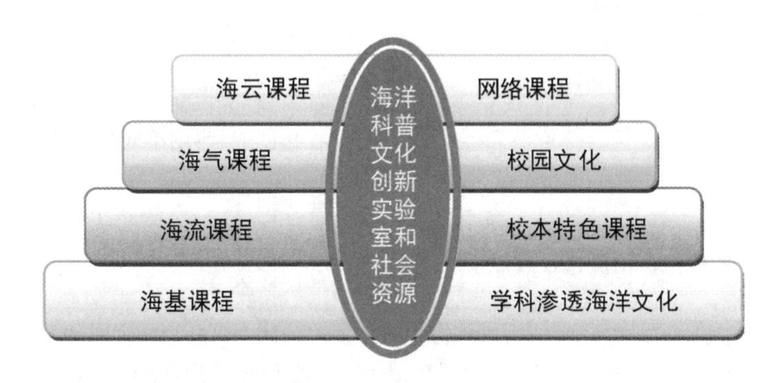

图4-1 大团高中“四海一家”特色课程群图谱

本课程体现了三个特点：一是具有跨学科性，借鉴当下的STEM即将科学(S)、技术(T)和数学(M)的相关知识融入“工程”(E)，紧跟科技教育的时代步伐；二是注意采用“项目化学习”(“PBL”)，将联系一定的情境，以海洋文化素养培育为引领来具体实施；三是鼓励学生组成团队，体验面向目标、分工合作、各有担当的形式，使“大团”精神文化与课程实施整合，打造“大团”品牌。

二、课程设计

依据课程建设的初心，呈现的设计思想如图4-2所示：

图4-2 课程建设的设计思想

根据课程设计与开发思路，将课程内容按认知规律进行排序，确定相应的学习目标，有系统性整体性设计，如表4-14所示：

表 4－14 STEM水下机器人课程实施计划

阶 段	核心内容纲要	主要学习目标
第一阶段（第1～3周）	STEM教育简介，水下机器人课程概述，企业家思维	初步认知STEM教育；初步了解水下机器人；项目化的学习方式；体验团队分工合作中的责任担当等
第二阶段（第4～9周）	双刀双掷开关作用原理及其运用，电源缆绳与控制器连接等实践要求	初识到学会电路焊接与连接；学会用多用电表；体验工程思维；养成安全意识，在团队中提高协作意识与能力
第三阶段（第10～12周）	框架的设计理论与搭建，在框架上安装推进器等要求	设计框架要有独创性；重视框架稳定性；学会针对问题修正改进；发挥集体智慧和效益与安全兼顾思想
第四阶段（第13～14周）	推进器与电源缆绳连接，与控制器双刀双掷开关对应连接，乐高拼装，3D打印	有不同“工程师”分工合作意识能力；学会耐心和创造；研创不同角度抓取方式
第五阶段（第15～16周）	行车记录仪，摄像头清晰度要求，不同摄像头拍摄远景或抓手	发挥创造力；解决水下视频拍摄的问题；做好防水处理；反复调试发现问题改进以达到最佳效果
第六阶段（第17～19周）	试水并发现重心、浮力块等问题进行整改，发布“企业宣传单”机器人市场宣传；机器人表演水下作业	深刻体会设计一款产品要经历一个反复试验与整改的历程；在试水、调试中充分展示创造力；体验STEM和项目化学习的优势所在

三、课例介绍

（一）课程内容结构

为了帮助学生熟悉未来职场运作形式，师生运用企业家思维模式（见表4－15），按照公司运营结构进行分工。然后，通过查阅资料，总结分析水下机器人的工作原理（见表4－16），并制定好水下机器人框架设计方案及制作步骤（见表4－17）。

表 4－15 企业家思维模式

教学环节	教 师 活 动	学 生 活 动	目的及备注
环节一：破冰	教师与学生共同参与任何一两项破冰游戏，如介绍陌生人、名字串等		师生之间、学生之间相互熟悉，为分组提供基础
环节二：阐释项目模拟制	将自己视为企业家，指导学生与他人一起创办解决海洋世界问题的公司或组织； 介绍组织中的角色：CEO、研发（项目工程师）、财务、媒体推广； 展示用于公司介绍、产品陈述等的海报、公司宣传册、PPT	讨论：公司中的主要角色有哪些，它们的职责各是什么	全面了解项目模拟制的要求

续 表

教学环节	教 师 活 动	学 生 活 动	目的及备注
环节三： 学生分组、任务分配与目标确定	引导自由分组，并确定公司名称及每名组员的职责； 指导每组介绍各自的名称、理念、宣言与分工	分组、相互熟悉并分配任务，共同制定公司目标	学会角色担当和尊重同伴

表 4-16 水下机器人(ROV)工作原理

教学环节	教 师 活 动	学 生 活 动	目的及备注
环节一： 认识 ROV	解读 ROV； 水下工程建造和电缆铺设；沉船勘测和打捞； 介绍水下机器人发展史； 指出学习要求 UNDERWATER CONSTRUCTION	根据教师引导，可以分享自己对海洋探索领域的了解； 观看视频，对这个领域有更深刻的认识	对 ROV 有整体的认识
环节二： ROV 的结构	如何实现以上功能；介绍各部位功能	观察、思考、讨论	体验科学思维；对什么是重点有一定领会

表 4-17 水下机器人框架设计方案及制作步骤

教学环节	教 师 活 动	学 生 活 动	目的及备注
环节一： 设计框架时需要考虑哪些方面的问题	引导学生回顾水下机器人的基本结构，明确框架是一切的基础及制作出发点，引导设计框架时需考虑哪些方面的问题？ 旁听或参与学生的讨论，必要时提供协助； 对学生的讨论结果进行汇总	针对问题组内进行头脑风暴，最终由一名组员汇报讨论结果	锻炼发散思维

续 表

教学环节	教 师 活 动	学 生 活 动	目的及备注
环节二: 框架的材料	提问:用什么材料制作框架?每种材料各自有什么样的优缺点?如何做出选择? 巡视、询问和指导学生查找材料; 对选择 PVC 管作为材料,引导学生开展辩证思考和独立思考	利用手机或学校的电子设备上网查找相关资料,进行评估、总结和汇报	具有文献意识,辩证、独立、创新的科学思维; 打通环节学习开放探究
环节三: 框架的形状	引导设计一个什么形状的框架? 提出可以增加矩形结构稳定性的措施; 提出可进行组合思路,并不一定局限于某一典型形状的框架	讨论结构稳定性对常见形状稳定性对比,提出各种形状的优缺点	体验对比、重组的科学思维方法
环节四: 设备装载的 布局讨论	介绍重心和浮心的概念,举例; STABILITY UNWEIGHTED WEIGHT WEIGHTED 演示:增加在水中物体稳定性的方法; 引导讨论:如何分布各个装置才能做到水下机器人重心和浮心距离尽量远且二者连线是在竖直方向?	讨论:设备的分布通过画草图的方式展现讨论结果,每组一名学生进行汇报	体验类比、抽象、概括的科学思维方法 通过重心、浮心概念,体验用一个点代替整个物体,体现等效抽象的思维方法

(二) 作品完成情况

1. 结构调试

因水下作业的缘故,所以不可避免要考虑水的流体力学带来的影响。螺旋桨的位置非常重要,选择了三个螺旋桨,一个上下升潜,另两个前进后退。两个负责进退的加装在机器人中部的后面,来抵消前部抓手的重量;升潜的加装在中间,使重心平稳。这样能尽可能节省空间,防止体积过大。为了避免管子进水后造成重心不稳,在大多数管子上都打上了孔,并加装浮力块,以调整浮力。如图 4-3 所示。

2. 抓手的制作

抓手部分受到乐高积木的启发,我们采用了由乐高积木所组成的抓手,这样即不用担心爪子的重量也可以减少防水的负担。抓手通过联轴器与抓手电机相连。此外,我们采

(1)

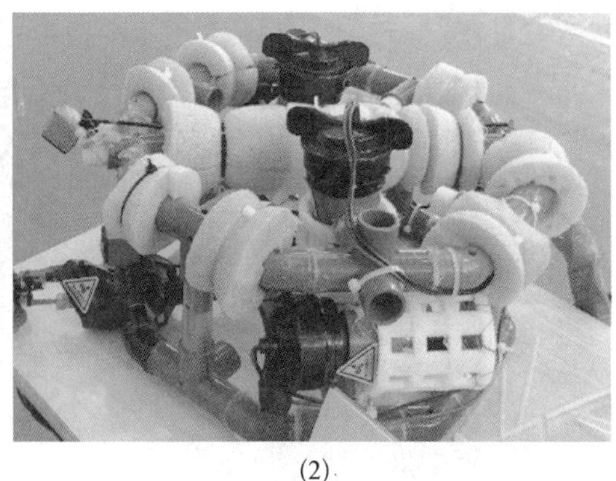

(2)

图 4-3 水下机器人作品

用了两个抓手并将其焊接于同一条控制线并完善防水。考虑到整体框架，抓手的合理位置极为重要，我们选择的地方考虑到抓手所抓取物品的大多数范围，所以我们将抓手放置于机器的合理位置，即方便调控也方便抓取上下物品。如图 4-4 所示。

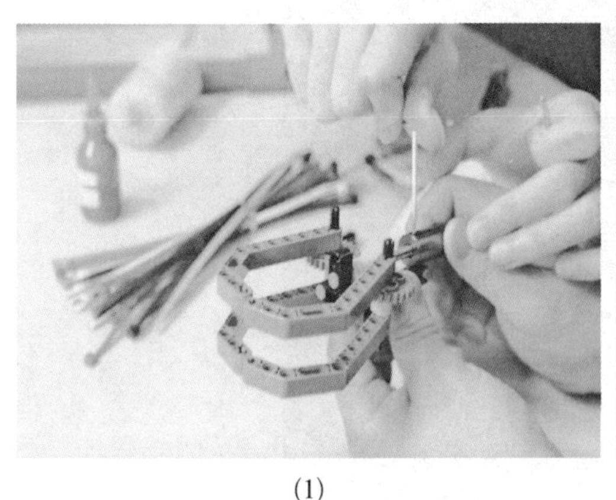

(1)

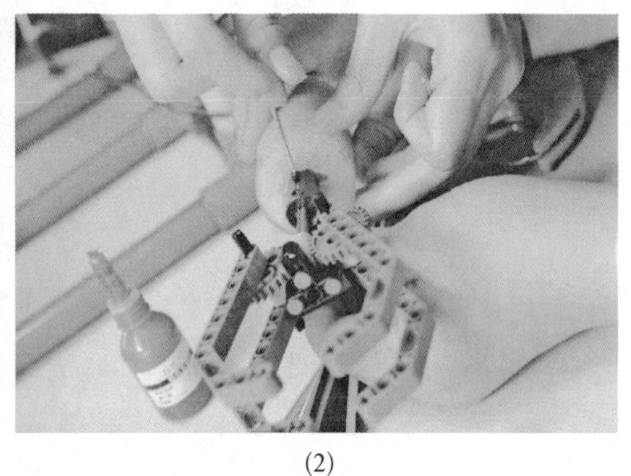

(2)

图 4-4 用乐高积木做抓手

3. 悬浮调整与初次接电测试

用了三周时间为每一个学生公司提供检查调整。每个公司各自检验之前制作的水下机器人各个组成部分是否符合标准、是否能够正常工作。另外，随着课程推进，水下机器人上所负载的重量在随时发生变化，需要对悬浮系统进行调整，通电并检验机器人各部件是否可以正常工作。如图 4-5 所示。

4. 公司产品宣传

各公司团队展示推广自己的产品，各队 CEO 和工程师们要做好以下几个方面：

(1) 展示自己的企业宣传单。High Way 战队产品宣传单如图 4-6 所示。

(2) 产品(机器人)的市场宣传海报。

(3) 水下机器人完成水面、水下打捞任务。

图 4－5　测试操控水下机器人

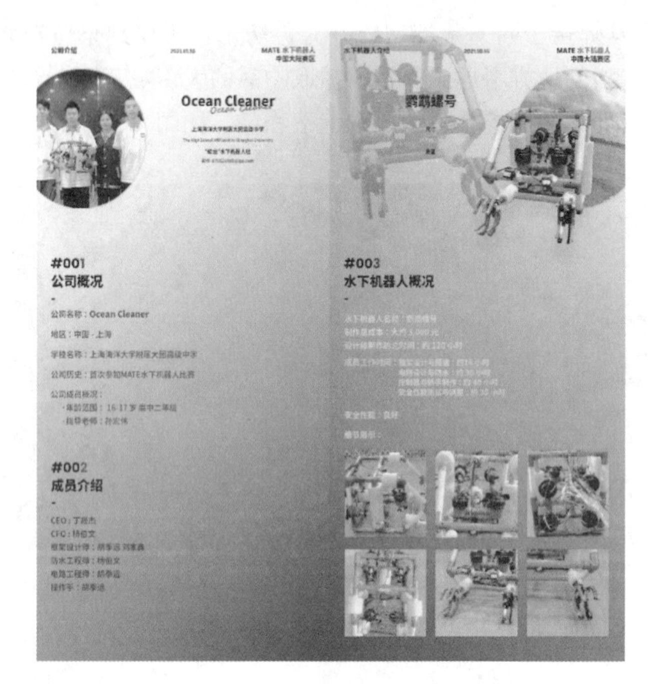

图 4－6　High Way 战队产品宣传单

第五章　“航站—海港”创课程模块

第一节　船舶停港装卸的操作实验课程

一、课程背景

货轮到达港口码头，就面临货物装卸任务。长期以来，船舶的货物装卸经历了靠人力、简单机械，到主要使用船舶起货设备的历史变迁。船舶起货设备由吊杆式起货机(见图5-1)发展为甲板起重机。船舶运输由散装向集装箱方式发展后，除矿砂、原油、粮食等大宗货物的散装运输目前还沿用上述方式外，大多数货物主要以集装箱船运输为主。集装箱船已经不再使用起货设备，而是依靠港口码头的集装箱起重机、集装箱装卸桥的装卸方式。

图5-1　传统的货船装卸设备

二、港口装卸设备的力学原理

1. 吊杆式起货机及其力学原理

吊杆起货机(见图5-2)特别是双吊杆起货机相应的力学原理，需要在操作中遵循，需要操作人员进行协调。目前，尽管此类技术与设备已不再使用，但在船舶装卸技术发展史上，其具有重要地位。所以，我们应掌握并进行实验操作验证。通过相应的实验可以拓展物理学中力学原理应用的知识。

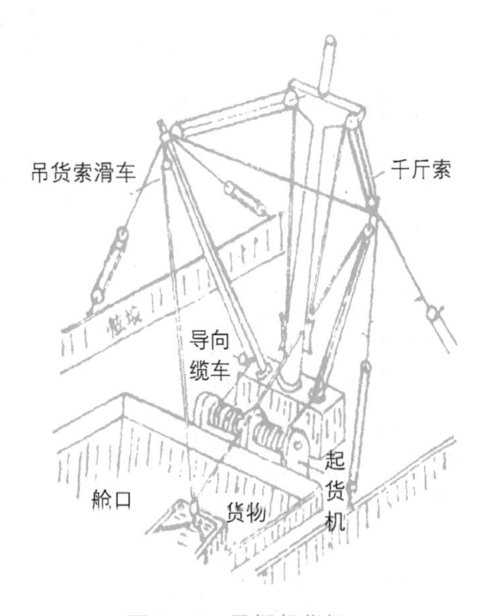

图5-2　吊杆起货机

2. 船舶系缆及其力学分析

通常船舶靠岸要从船上拉出缆绳，一端系套在岸边的缆桩，另一端系绕在船舶甲板

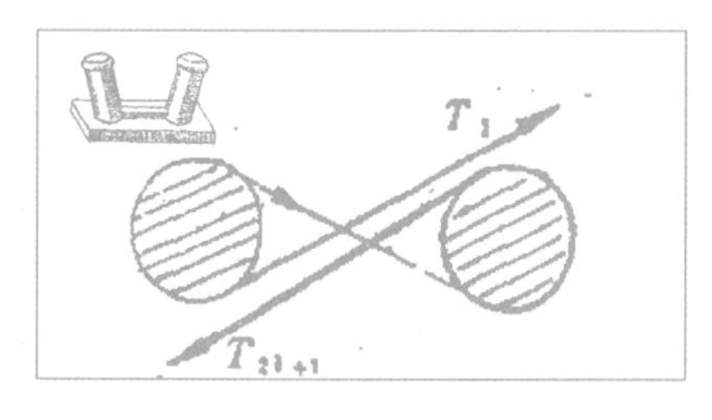

图 5-3 船舶系缆桩与系缆力学分析

的缆桩，以将船舶系在岸边。即使大吨位的船舶，也都靠船舶系缆作业，将船舶固定在码头岸边，船舶越大，所系的缆绳越多。为了能系住船舶，缆绳需要一定的强度与直径，通常这样的缆绳由几公分到十几公分粗（钢丝绳除外）。系绕在船舶缆桩上的缆绳仅以绕 8 字方式完成绕桩（见图 5-3），就能将船舶系固在岸边。

三、实验要求

仔细阅读本实验室中的相关知识和设备，特别要熟悉船舶系缆和船舶吊杆装卸实验区的一些主要仪器设备，学会操作；分析船舶吊装的力学原理。

本项实验由一个主实验和若干拓展选择实验组合。主实验可以是“船舶吊杆装卸的操作实验”，也可以是“现代集装箱起重机装卸集装箱电脑模拟操作实验”；前者即实物操作为主，后者即电脑虚拟操作就作为拓展实验进行体验。建议采取小组合作形式，所以要做好分工等设计。

依据实验过程真实记录撰写实验报告，通过一定实践操作体验码头装卸实验过程；借助资料了解装卸技术设备的发展，感悟科学技术发展对港口功能发挥的影响。

四、方案设计

以小组为单位，利用实验室设备选一个主实验项目，对照表 5-1 要目设计操作方案。

表 5-1 实验设计方案

基本要素	设 计 内 容	要 求 说 明
实验目的		明确需要解决的主要问题和实验能力要求
实验器材与实验室		根据创新实验中的设施设备以及另备材料等
实验的具体内容		为主要设计内容，要针对实验的目的要求，覆盖其所有达成要求
实验的步骤设计		为主要设计内容，要针对实验目的要求和内容，就实验进程进行分段设计
实验分工		在实验过程中，小组成员的具体任务要作分解，以明确各自责任

续 表

基本要素	设 计 内 容	要 求 说 明
实验的 时间预设		可预设好完成实验的总时间和分阶段所需时间
实验困难的 预案		根据经验对可能遇到的困难进行预测，在教师的指导下研究解决的预案

五、提示与建议

现以“船舶吊杆装卸的操作实验”为例做进一步说明。本实验平台由船舶起货平台、双吊杆、各类索具、电动机等构成。本实验装置仅用于现象测试，数据本身不具备专业测试精度，变量值则有参考价值；操作任务需把货物吊装至码头上停放的“卡车”上，使用本实验设备时需由教师或其他专业人员的同步指导。对于应用电脑进行的虚拟实验（现代集装箱起重机装卸集装箱电脑模拟操作实验），同样可以参考上述这些建议为基础开展设计和实践。

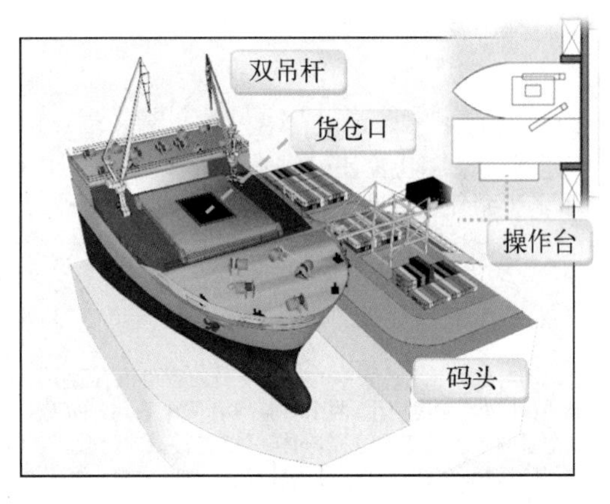

图 5－4　船舶与港口码头示意

“操控台”就是请实验者（学生）用于操控吊线运动的装置。

对实验可能存在的困难，可参考网络等资料进行了解，讨论后再进行预案设计。

六、实验过程记录

根据实验方案的设计，将实验的过程参考表 5－2 要求做记录。

表 5－2　实验过程记录表

实验课题：______________________

实验项目内容	
实验室地点	
实验时间（月/日）	
拟定实验目的	
主要考察对象	

续 表

实验步骤 1 （情况记录）	
实验步骤 2 （情况记录）	
实验步骤 3 （情况记录）	
实验步骤 4 （情况记录）	
运用的相关学科 知识原理	
结论：简述实验是否成功、是否达到目的、解决论证了什么问题、得到什么结果等	
实际实验人员	

记录者：________________

说明与建议：上述表中的实验项目内容可供"船舶吊杆装卸的操作实验"或"现代集装箱起重机装卸集装箱电脑模拟操作实验"参考使用，两个实验均有两个系列，可以进行两次重复实验，来检验和比较实验的规范性和科学性，也可以记录两个组的实验过程，同样可以进行横向比较。实验过程可根据设计要求分若干步骤，多少步自定。实验都应根据相同目标进行。可以自行设计记录方案表格。实验的具体情况都可以根据实验的要求拍摄一些录像作为动态记录的实证。

七、实验报告

依据方案要求和记录的情况撰写实验报告（见表 5－3）。

表 5－3 实 验 报 告

实验题目		实验时间	
指导教师		实验地点	
实验目标 简述			
实验过程 简述			

续 表

结果描述	得到的结论： 关于实验情境与仪器工具使用的情况分析： 关于上述操作实验针对目标的结果分析： 本项实验的局限性分析：
指导教师评语	

实验报告要根据实验的设计方案特别是针对目标要求撰写：两次重复实验主要分析实验的相关性和有效性，以减少实验的误差；两组实验主要比较两者的准确度和速度等。

八、延伸问题或活动

在本实验完成后，可拓展或延伸的实验如下：

(1) 借助计算机软硬件、大屏幕构成虚拟集装箱装卸系统(见图 5－5)，自主操作将集装箱从船上卸载到岸边卡车上，或将岸边卡车上的集装箱起吊装载到集装箱船上，体验港口集装箱装卸操作，巩固所学到的知识与技能。

(2) 运用实验室的船舶系缆实验设备(见图 5－6)，开展系缆操作，体验港口船舶系缆工作：借助力学知识，根据给定的拉力先行计算，得出缆绳在缆桩上系绕(8 字)圈数并操作系绕缆绳，再验证能否系住船舶，尝试理论知识进行实践应用的过程方法。

图 5－5 大屏幕码头集装箱装卸示意

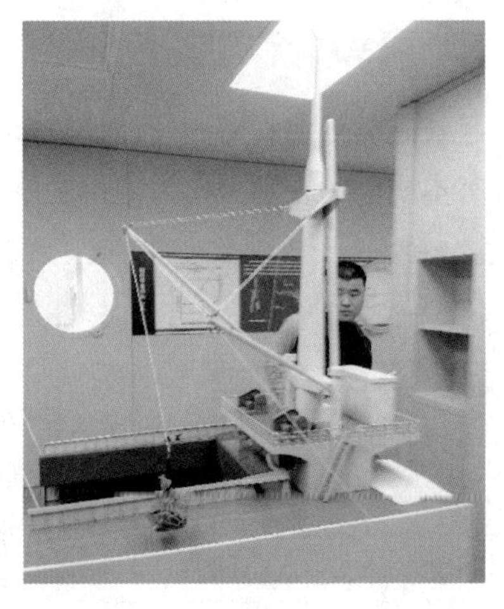

图 5－6 实验室装卸码头设备

第二节　港口建设规划的设计实验课程

一、课程背景

港口是指在江、河、湖、海或水库沿岸,具有一定设备和条件,供船舶往来停靠、办理客货运输或其他专门业务的地方,其范围包括内水域及紧接水域的陆地。港口的主要组成部分是码头,是船舶靠泊和进行装卸作业的必要设施。广义的码头包括码头建筑物及装卸作业地带的总和,是完成水陆货客转换机能设施组合的总称。

二、码头的类型

码头的种类繁多,分类方法也不尽相同,大致有下列几种分类(见表5-4):

表5-4　码头的分类

分类形式	主要类型
按照码头的平面布置	顺岸式、突堤式、墩式(栈桥式)码头等形式
按结构形式	重力式、板桩式、高桩式、斜坡式、墩柱式和浮码头等形式
按用途	杂货码头、专用码头(渔码头、油码头、煤码头、游艇码头、矿石码头等)、集装箱码头、客运码头、供港内使用的工作船码头、为修船和造船工作而专设的修船码头、舾装码头等
按照码头周围水域	有掩护码头和开敞码头两种形式

三、码头的组成

尽管码头形式有所差异,水域环境和自然环境有所不同,但进出港、靠离泊操纵方式并没有本质上的差别。作为港口主要组成部分,码头的设施区域空间必须具有还有以下两个组成。

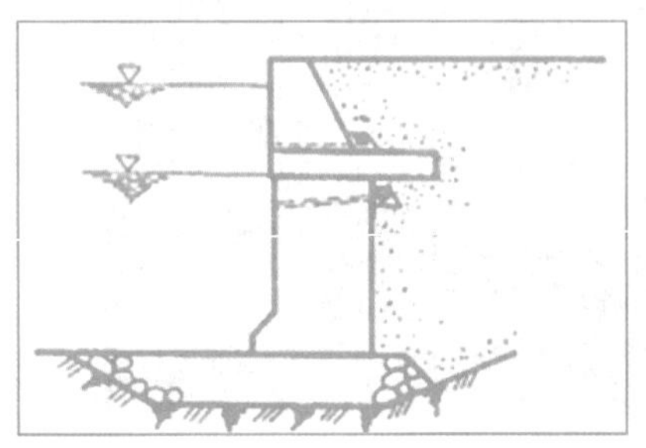
图5-7　直立重力式码头垂直剖面图

1. 码头岸线

码头岸线是指码头建筑物靠船一侧竖向平面与水平面的交线,即停靠船舶的沿岸长度。它是决定码头平面位置和高程的重要基线。构成码头岸线的水工建筑物叫码头建筑物。根据船舶吃水深度(见图5-7)和使用性质等的不同,一般分为深水岸线、浅水岸线和辅助作业岸线等。港口各类码头岸线的总长度是港口规模的重要标志，说明它能同时靠码头作业的船舶数量。

2. 作业地带

作业地带是指从码头线至第一排仓库（或堆场）前缘线之间的场地。它是货物装卸、转运和临时堆存的场所。一般设有装卸、运输设备；有供流动机械，运输车辆操作运行的地带；有的还有供作业的铁路轨道。前沿作业地带的宽度没有统一标准，主要根据码头作业性质、码头前的设备装卸工艺流程等因素确定。我国沿海港口、件杂货码头前沿作业地带的宽度在 25～40 米。前沿作业地带的面层，一般用混凝土、钢筋混凝土块体和块石进行铺砌，以满足运输机械行走和场地操作等要求。

制约港口码头的因素还有泊位、港区仓库、防波堤、引堤、护岸、港池、航道、锚地、陆域交通等，港口设计可参考有关资料来理解。

四、实验要求

仔细阅读本实验室中有关港口的相关知识和实验设备，熟悉其中的港口沙盘模型和规划设计区一些主要仪器设备的功能，并学会操作。

港口建设规划设计一般都以某几个要素已确定，然后进行结构与类型的设计。可有几个视角：一个是关注港口和码头使用功能，选择一种用途来设计港口码头；另一个是关注港口与码头区域或区位特点，包括水域的地质地貌、港口腹地的区域基础以及发展方向，设计其应有的结构和类型。图 5-8 是联盟校中的创新实验室示意（当然还可以以港口码头用途和水域两个要素确定为前提，再进行其结构与类型的整体设计）。

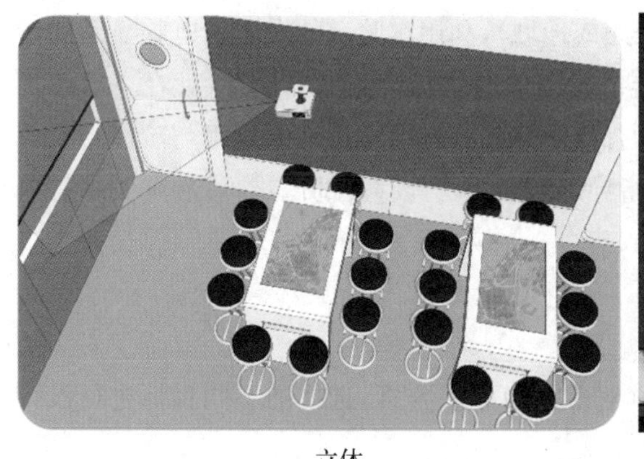

立体　　　　平面

图 5-8　港口码头模拟实验室

依据设计和实验过程中的真实记录来撰写实验报告，梳理总结港口码头设计与实验过程；并联系上海港口建设发展事实，总结经济发展对航运事业的影响。

五、方案设计

分两个视角，根据港口码头建设的设计原理，对照表 5-5 要目设计实验方案。

表 5-5 港口码头设计实验方案

基本要素	设计内容	要求说明
实验目的		明确需要解决的主要问题和实验能力要求
实验器材与实验室		根据创新实验中的设施设备以及另备材料等
实验的具体内容		为主要设计内容,要针对实验的目的要求,覆盖其所有达成要求
实验的步骤设计		为主要设计内容,要针对实验目的要求和内容,就实验进程进行分段设计
实验分工		在实验过程中,小组成员的具体任务要作分解,以明确各自责任
实验的时间预设		可预设好完成实验的总时间和分阶段所需时间
实验困难的预案		根据经验对可能遇到的困难进行预测,在教师的指导下研究解决的预案

港口建设设计实验活动方案的设计与实践提示:在教师指导下先梳理有关港口建设的设计要素,再根据所选择的设计要素(用途或地域),利用实验室的大屏幕电脑显示的港口地形图进行设计;设计时,还需要将该港口所在地理位置对照世界地图(就在立式墙面上)对其他地域环境进行分析,使设计更具有科学性;同时,由于设计的过程与阶段结果都可以投影在屏幕上,可以随时争取教师的指导。对实验可能存在的困难,可参考网络等有关资料进行了解,讨论后再进行预案设计。

六、过程记录

根据实验方案的设计,将实验的过程(对照港口码头要素,选择的不同目标进行设计的过程,可重复或不同的两次)的具体内容填入表 5-6。

表 5-6 实验过程记录表

实验课题:________________

实验项目内容	
实验室地点	
实验时间(月/日)	

续 表

拟定实验目的	
主要考察对象	
实验步骤 1 （情况记录）	
实验步骤 2 （情况记录）	
实验步骤 3 （情况记录）	
实验步骤 4 （情况记录）	
运用的相关学科 知识原理	
结论：简述实验是否成功、是否达到目的、解决论证了什么问题、得到什么结果等	
实际实验人员	

记录者：＿＿＿＿＿＿＿＿＿＿

说明与建议：上述表中的实验项目内容有两个系列，可以进行两次重复实验，来比较和评价设计实验的科学性和可行性；也可以记录两个组的设计实验过程，同样按要求进行比较。实验过程的各环节可利用数字化设备进行记录，设计的若干步骤，应根据影响港口建设基本因素来确定。实验都应根据相同目标进行。可以自行设计记录方案表格。实验的具体情况还可以拍摄一些照片来反映实验中讨论和反思的场景作为实证材料。

七、实验报告

依据方案要求和记录的情况撰写实验报告（见表 5－7）。

表 5－7 实 验 报 告

实验题目		实验时间	
指导教师		实验地点	
实验目标 简述			
实验过程 简述			

续 表

结果描述	得到的结论: 关于实验仪器工具使用的情况分析: 关于港口码头设计的结果分析: 本项实验的局限性分析:
指导教师评语	

本实验报告应根据实验方案特别是针对目标要求撰写:两次重复实验,主要分析实验的相关性和有效性,以便减少实验的误差;两组实验可以比较两者之间的科学性和速度等。

八、延伸问题或活动

在本实验完成后,可拓展或延伸的实验如下:

(1) 通过网络查询沙盘游戏的规则,应用实验室的"港口沙盘"和相关设备,选择一个主题因素,按分小组合作,进行一次设计比赛,以巩固学到的知识与技能。

(2) 根据港口码头建设的相关原理,选择一个世界大港的区位和机构布局,尝试对港口的设计合理性、科学性进行分析。并可与另一个功能相近的大港进行一些设计指标的比较,以反映港口码头的设计原理。

第三节　模拟海运物流的游戏实验课程

一、课程背景

一个国家或地区所拥有的物力、财力、人力等各种物质要素的总称就是资源,分为自然资源和社会资源两大类。由于资源在全球各地分布不均,不同国家或地区的资源结构也有差异。所以,人们借助港口和海运机构将资源运输至各地,实现资源互补。

二、基础条件分析

1. 港口资源优势

国际意义的大港,本身资源优势明显,如表 5-8 所示。

表 5－8 港口资源优势分析

条件指标	港口资源优势表现
航行条件	要保证一定规格船舶不分季节和昼夜，安全、迅速地进出港湾
停泊条件	具备可供船舶安排抛锚与系泊，以及进行装卸与倒驳作业的足够水面
筑港与陆域条件	要满足港口的各种装备、设施及其他建筑物的平面布置，以及周围自然条件对其与腹地联系的可行性与有利性
腹地条件	腹地面积的大小，港口与腹地间的交通条件，腹地各种资源的丰度与开发程度、经济发展水平与结构以及主要的产销联系

2. 世界大洋航路

物流的最大吞吐量是靠海运实现的，海运尤其是国际海运的主要区域在大洋中实现的。世界大洋航线分布如图 5－9 所示。

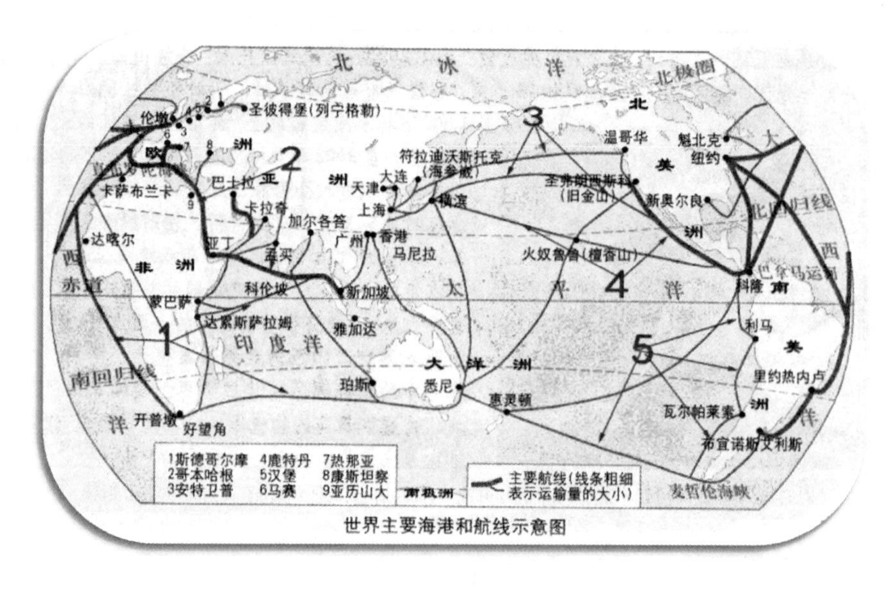

图 5－9 世界大洋航线分布示意

3. 口岸与物流

口岸是国家指定的对外来往的门户，对外通商的沿海港口，是国际货物运输的枢纽。从某种程度说，它是一种特殊的国际物流节点。口岸物流是国际物流的组成部分。现在的口岸已不仅仅是经济贸易往来的商埠，还包括政治、外交、科技、文化、旅游、移民等多元往来港口。口岸也已不仅仅指设在沿海的港口，随着陆、空交通运输发展，开展国际联运、国际航空邮包邮件交换业务等具有外贸、边贸的地方，都可设置口岸。

物流是指为了满足客户的需求，以最低的成本，通过运输、保管、配送等方式，实现原材料、半成品、成品或相关信息进行由商品的产地到商品的消费地的计划、实施和管理的全过程。其中大宗物流通过航海实现的占比最大。

三、实验要求

仔细阅读本实验室中有关港口与航运相关知识,据网络搜索相关信息,梳理出世界大港(沿海口岸)的分布、规模、特点和腹地等情况,为设计游戏实验打基础。

参考“飞行棋”的模式,设计一种反映世界海洋物流的“国际物流航海棋”,包括对海港口岸的选择、物流航线的设计、棋盘的设计、游戏的规则等。

根据设计的“国际物流航海棋”,试组织学生一起游戏。在实践基础上,有兴趣以及能力者,还可以设计成电子版甚至网络版游戏。

四、方案设计

1. 信息梳理

对照表 5 - 9 梳理世界大港基本信息。

表 5 - 9　世界大港的分布与相关物流特点

大　洲	主要大港(口岸)	物 流 需 求
亚　洲		
欧　洲		
非　洲		
北美洲		
南美洲		
大洋洲		

说明:对于港口众多的大洲,可以改造表格,分出更加详细的信息梳理方案。

2. 物流航线设计

对照表 5 - 10 设计物流航线。

表 5 - 10　物流航线设想

类　型	大 洋 航 线	主 要 口 岸
多口岸到一口岸		
一口岸到多口岸		
多口岸到多口岸		

说明:多口岸流向一个口岸,主要科学依据是流入口岸的腹地深广,物流吸纳能力较大;其他设计的依据可以类推;航海棋的航线设计需要参考“世界大洋航线分布”资料。

3. “国际物流航海棋”棋盘设计

对照表 5－11 设计“国际物流航海棋”。

表 5－11 “国际物流航海棋”棋盘设计导向

棋盘内容、结构、图形呈现	功能说明
（棋盘面貌）	

说明：内容是指棋盘上与物流相关的口岸、货物、航线、流向以及棋子等配套内容名称。
结构是指有上述内容所组成的关系，包括内容要素的组合、点与线的位置链接等。
图形是指在一定图幅内，将内容与结构用何种图形来反映，如大十字形或五边形、三角形等。

4. 游戏规则设计

对照表 5－12 设计游戏规则。

表 5－12 游戏规则设计要素

基本要素	设计内容	要求说明
游戏宗旨		明确本游戏的主要意义和基本要求
参加的人数与要求		根据棋盘设计的内容与结构特点而定
棋子（船型）及其在棋盘的行进规则		为主要设计内容，要针对游戏基本要求，参考世界大洋航线分布资料进行设计
游戏的步骤规则设计		为主要设计内容，要针对游戏基本要求，参考世界大洋航线分布资料进行设计
判定胜负的规则		在游戏过程中，参赛成员的胜负概率应平等，结果反映在快慢与错误多少

续 表

基本要素	设 计 内 容	要 求 说 明
游戏的时间预设		可根据棋盘与胜负规则预设完成游戏所需时间
对游戏可能问题的预案		根据经验对可能遇到的问题进行预测,在教师的指导下研究解决的预案

模拟海运物流的游戏实验活动方案的设计与实践提示:在完成上述各项设计后,撰写一份《国际物流航海棋游戏规则说明》,将有关棋盘内容结构、参加人数与游戏过程要求、胜负规则等均作具体解释。对游戏可能存在的困难,可先行组织试验发现问题,讨论后再进行预案设计。

五、过程记录

根据游戏实验方案的设计,将活动的过程对照《国际物流航海棋游戏规则说明》做具体记录,找出存在的各种问题,完善游戏实验的方案。可参考表 5－13 要求做记录。

表 5－13 游戏实验过程记录表

游戏实验名称:________________

游戏实验类型	
活动地点	
活动时间(月/日)	
游戏基本要求	
参与活动人员	
棋盘使用(情况记录)	
游戏规则执行(情况记录)	
需要改进的问题(情况记录)	
结论:简述游戏实验是否成功、是否符合游戏宗旨、有无结果等	

记录者:________________

说明:上述表中的游戏实验类型有两个系列,可以进行两次重复实验,来比较和评价游戏设计的科学性和可行性;也可以记录两个组的设计实验过程,同样按要求进行比较。

六、游戏实验结果报告

依据方案要求和记录的情况撰写实验报告(见表 5-14)。

表 5-14 实验报告

<table>
<tr><td>实验题目</td><td></td><td>实验时间</td><td></td></tr>
<tr><td>指导教师</td><td></td><td>实验地点</td><td></td></tr>
<tr><td>实验意义简述</td><td colspan="3"></td></tr>
<tr><td>游戏实验过程简述</td><td colspan="3"></td></tr>
<tr><td>结果描述</td><td colspan="3">得到的结论:
关于棋盘等工具使用的情况分析:
关于游戏规则运用的结果分析:
本项游戏实验的问题分析与改进建议:</td></tr>
<tr><td>指导教师评语</td><td colspan="3"></td></tr>
</table>

本实验报告应根据方案特别是针对目标意义要求撰写:两次重复实验,主要分析实验的相关性和有效性;两组实验可以比较两者之间的差异等。

七、延伸问题或活动

在本实验完成后,可拓展或延伸的实验:

(1) 对各种设计方案与实施结果就科学性、操作性等做比较分析研究。

(2) 将较理想的设计方案实施后,改成电子版或网络版。

第四节 长兴岛上的物理课程

一、课程背景

船舶与航运是现代综合性产业,也是战略性产业,服务海洋开发、水上交通运输、能源运输、国防建设等镇国大业,是国家装备制造业中不可缺少的组成部分,关乎国民经济发展与国防安全。对我国而言,经历多年发展,船舶与航运产业已成为国家经济命脉中的一个支柱产业,我国的船舶工业已成为国际船舶工业中的重要力量,具有较强的国际竞争力。面对"百年未有之大变局"的时代命题,发展船舶与航运产业对提高国家综合实力、加快海洋开发步伐、维护国家海洋权益、保障水上运输安全、维持国民经济增长、保证国防安全等必然需求,具有极为深远的意义。对船舶与航运工程的学习能够帮助学生树立大局意识与社会责任意识,激发学生爱国主义情怀,进而树立科技报国的远大理想。

长兴岛是我国融入太平洋、辐射长江流域的重要节点,以船舶和港口为对象的产业群也是我国重要的海洋和航海事业建设的基地。如今,长兴岛已成为上海海洋经济高质量发展的缩影,犹如一颗明珠在长江入海口闪耀。服务"国际航海中心"打造,长兴岛紧紧依托滨江临海的天然禀赋,把发展海洋装备、智能智造、海洋经济作为优先战略选择,加强科研院所合作科技创新,形成了集聚度高、关联性紧、竞争力强的海洋装备产业集群。

北蔡中学以长兴岛上的物理课程开发为出发点,着力建设"海洋战略与物理"课程,逐步推进科技特色,提高学生科学意识,努力形成区域辐射影响力。为此,学校已围绕课程基本要素,进行深度探索,取得了一定的成果。

二、课程概述

1. 课程理念——会学习、善思考、重应用

对上述课程理念的理解是,基于船舶与航运工程蕴含的育人价值和素养指向,引导学生主动探究、发现、获取知识,解决问题,以学会学习为目标,树立远大的理想和向上的志向,打下扎实的跨学科船舶与航道工程知识,激发学生探索的兴趣,培育学生实践创新能力。

2. 课程说明

本课程主要通过一学期共计12课时的教学,带领学生了解并体会船舶与航运工程的乐趣与奥秘。在课程实施阶段,学生将学习船舶与航运发展的历史,船舶与航道的物理、地理知识,讨论船舶设计对航行的影响,扮演不同角色的工程师,合作完成未来船舶模型的设计与制作。在这个过程中,学生能够从多个方面提升学科素养,养成解决一般问题的逻辑思维,发展理论知识应用水平与团队协作意识。

在课程体系方面,本课程围绕"海洋战略与物理",关注单元教学,将物理章节转化为主题单元,以主题单元为核心,依据学生学习需求,设计与学科核心知识相关的核心驱动性问题。融合现代科技的各个领域建立特色综合创新课程体系项目、跨学科知识点,着重建立从物理学科和生活中选择或设计具有实践性的研究课题,让学生主动探究、发现、获取知识,解决问题,在实践中学会学习。

在教学方式方面,特色综合创新课程体系,除实践与理论结合、情境化学习、激发兴趣导向的学习体系理念外,继续深化研究学习过程,开展项目化学习,以学科教材单元为基础设计学科单元的学习项目,以项目为载体,让学生在问题探究和解决的过程中学会对知

识的理解、建构和运用。

三、课程目标

(1) 通过学习船舶与航运技术的诞生与发展，认识船舶与航运工程对社会发展的重要意义。

(2) 通过理论学习与实验探究，认识浮力、重力与船型设计对船舶航行的影响。

(3) 学习现代船舶设计案例，研究其背后原理。

(4) 通过案例分析，研究航道的形成、特点与意义。

(5) 通过调查研究与课堂理论学习，认识船舶发展背后的现实因素与"零碳船"的必要性。

(6) 从不同的能源特点、应用难点出发，思考未来"零碳船"的发展方向。

(7) 以上海长兴江南造船厂为契机，了解中国船舶发展史，同时了解中国百年工业的辉煌发展历程，激发学生社会责任意识与爱国情怀。

(8) 通过小组实践的形式设计并制作未来船舶模型，提升动手能力、协作意识、发现并结局问题的能力。

(9) 学习航运数字化智能管理手段，紧跟航运数字化发展方向。

四、课程设置

从课程定位和学生素养培育要求出发，本课程的设置概况如表 5 - 15 所示。

表 5 - 15 长兴岛上的物理课程设置概况

学习对象	课程类型	课时安排	学习方式	学习空间
全体初中学生	限定选修	12 课时/学期	项目化学习	企业现场+教室

五、课程内容

1. 单元框架

单元框架如表 5 - 16 所示。

表 5 - 16 单元框架

单元名称	主要活动	活动目标	课时数
探索船舶工业	学习船舶的发展历史，认识船舶结构与船舶设计要素与船舶的未来发展方向，学习影响船舶稳定行驶的因素与优化设计。思考未来船舶设计，动手实践完成未来船舶模型设计与制作	了解船舶历史；学习船舶设计要素与原理；畅想未来"零碳船"；完成未来船舶模型设计与制作	8

续 表

单元名称	主 要 活 动	活 动 目 标	课时数
水上公路 ——航道	学习航道的使用历史	通过学习航道相关地理、物理知识研究航道的运营与治理	3
智能航运	学习数字化智能航运的相关信息技术与物联网技术知识。讨论未来智能航运解决方案	通过信息技术、物联网技术理论学习，探究应用方案	1

2. 单元设计

各单元设计如表 5 - 17～表 5 - 19 所示。

表 5 - 17

<table>
<tr><td>单元一</td><td colspan="4">探索船舶工业</td></tr>
<tr><td>学科领域</td><td>物理</td><td>历史</td><td>化学</td><td>船舶工程</td></tr>
<tr><td colspan="5">课程目标：
通过对时代背景与船舶技术原理的学习，培养学生理性思维能力、大局意识。在学习中温习物理、数学基础知识，从船舶的相关知识出发，思考环境与社会问题，认识到国家政策的必要性，结合现实条件，分析“零碳船”的实现途径。培养学生的知识应用能力、社会责任感。</td></tr>
<tr><td colspan="5">单元核心主题：
了解船舶发展历史与趋势，认识船舶工业的战略意义，从现实出发思考“零碳船”的设计。</td></tr>
<tr><td colspan="5">单元内容：
【分享】船舶的百年历史
【探究】船舶设计
【想象】未来“零碳船”
【展示】小组“零碳船”模型作品</td></tr>
<tr><td colspan="5">教学方法：
观察理解：学习船舶历史，了解船舶设计方法
理性分析：寻找船舶设计的改进方案，设想未来的“零碳船”
小组合作：设计制作“零碳船”模型
总结复盘：模型设计改进</td></tr>
<tr><td colspan="5">内 容 与 任 务</td></tr>
<tr><td>关键问题</td><td>内 容</td><td>技 能</td><td colspan="2">任 务</td></tr>
<tr><td>船舶技术发展的原因是什么？</td><td>学习船舶的百年发展史；江南船厂的发展史</td><td>理性分析能力；
数据收集能力</td><td colspan="2">学习并收集关于的历船舶史发展信息，总结研究船舶发展的规律与趋势</td></tr>
</table>

续 表

内 容 与 任 务			
关键问题	内 容	技 能	任 务
应用物理知识研究船舶稳定性设计	探究船舶设计的要素，稳定性设计的原理	数学建模能力；质疑与反思能力	学习船舶影响船舶稳定性的物理因素，画图分析并设计合理的船型
未来“零碳船”将如何实现？	了解“碳中和”技术，思考船舶“碳中和”实现途径	发散思维；理性分析能力	根据所学知识思考未来“零碳船”的实现途径、技术难点与解决思路
未来船舶模型设计	根据计划创作未来船舶模型	知识应用能力；协作能力	根据所学知识与现有材料，设计制作未来船舶模型。小组间使用各自制作的模型完成竞赛
评价工具	(1) 船舶设计相关知识学习单。 (2) 未来“零碳船”设计评价量规。		

表 5-18

单元二	水上公路——航道		
学科领域	物理	地理	航道工程
课程目标： 通过对时代背景历史因素、显示因素分析航道与航运的价值，培养学生理性思维能力、大局意识。在学习中温习地理、物理基础知识，从航道的形成价值出发，思考航道的监测与管理。			
单元核心主题： 了解航道的形成，使用历史，学习航道相关物理地理知识。			
单元内容： 航道是什么 航道的形成 航道中的地理 二次流现象 航道的维护与监测			
教学方法： 观察理解：学习航道的使用历史 理性分析：学习流体力学中的二次流现象，研究航道形成的相关因素			

续 表

内容与任务			
关键问题	内　容	技　能	任　务
航道是如何形成的?	学习航道与航运的历史	理性分析能力; 数据收集能力	学习收集航道相关知识,总结归纳航道的
航道如何长期稳定使用?	学习航道的运营与监测技术	自我管理能力; 理性思维	分析航道治理的相关问题,依靠物理、地理知识思考解决方法
国际海运的地理知识	学习国际海运的历史与相关地理知识	国际视野; 综合分析能力	学习国际重要航道相关知识,应用地理知识分析航道对航道形成的现实条件
评价工具	航道相关知识学习单		

表 5-19

单元三	智能航运		
学科领域	信息技术	物联网	航运工程
课程目标: 了解信息技术、物联网技术在航运工程领域的应用,在认识了解船舶与航运工程基础知识的基础上把握新时代航运管理发展方向。			
单元核心主题: 了解智能航运的发展方向、主要运用技术和问题解决难点。			
单元内容: 智能航运的技术应用 航运管理的发展方向			
教学方法: 学习理解:学习航道的使用历史 讨论分析:学习流体力学中的二次流现象,研究航道形成的相关因素			
内容与任务			
关键问题	内　容	技　能	任　务
数字化技术如何解决航运问题?	信息技术与物联网技术,航运问题分析与解决方案探索	理性思维; 知识应用	学习数字化技术与物联网技术原理,并探究在航运领域的应用
评价工具	智能航运相关知识学习单		

六、活动建议

(1) 在活动开始前,师生做好充足的准备活动。教师应提供相应的学习单或指引学生提前做好相关内容的资料准备。

(2) 活动过程中,以小组为单位推进。小组形式推荐由教师指定分组并为组内成员分工角色。

(3) 多学科的工具融入,如模拟仿真程序,用于实验探究的实体模型等。

(4) 以项目化学习为教学方法,通过问题的解决引导学生自主阅读、调查、探索、制作、展示,培养学生创造力。

七、学习评价

1. 评价对象

学习小组和每个学生。

2. 评价素材

关注方案设计、实施记录、探索成果等多元化。

3. 评价原则

(1) 真实性原则：强调在真实任务情境下对学生的发展进行评价,在真实性评价中应该包括有真实性任务,即船舶与航运工程领域中专家可能遇到的那些真实的生活活动、表现或挑战。

(2) 发展性原则：着眼于促进学生发展,侧重观察和衡量学生的创造力表现,侧重观察和衡量学生的创造性思维发展。

(3) 多维性原则：从多种视角、运用多种方法对学生创造力学习过程和结果进行评价,包括评价内容的多维性、评价主体的多维性以及评价方法的多维性。

4. 评价方法

借鉴英国比尔・卢卡斯(Bill Lucas)教授的创造力评价方法,结合课程项目的内容特点,确定某一个项目设计的评价内容,制定评价量规,提高针对性。

具体评价方式：自评、互评、师评。

5. 评价内容

(1) 创意设计：根据模型设计、理论知识应用、实际效果来综合考量。

(2) 学习过程：学习态度、创新思维、合作能力、表达能力等方面综合评价。

综上,项目评价量规如表 5 - 20 所示。

表5-20 项目评价量规

评价指标	优 秀	良 好	一 般	自评	互评	师评
积极创新	设计出有独特想法的未来船舶模型,能体现很多不同的视角和多种策略	有很多很新颖的模型设计思路,体现不同的视角和一两种策略	融合已有的几种船舶创新设计想法			
理论应用	能够用数学工具和物理原理科学严谨地设计船舶模型,能提出合理的假设并验证	能增加细节来使想法成为现实,船舶模型可实现预定功能	船舶模型可实现基本功能			
善于协作	能使用有趣、有影响力和让他人履约的言语,高效协作	语言有趣,表达明确	使用了一些积极语言,表达较准确			

第六章 “航路—航线”创课程模块

第一节 “未来航海家”创课程

上海市澧溪中学的“未来航海家”创课程分为五个模块，横跨 11 个项目，包含至少 12 类知识点。学生在“承航海梦，扬爱国心”模块，了解海上丝绸之路背景知识，形成航行将世界相连、人类命运共同体的认知，坚定继续发扬航海之梦。通过“探索新知，逐航海梦”“挥毫落纸，绘航海梦”“牛刀小试，造航海梦”三个模块，学习不同学科知识，打破学科的壁垒，尝试设计利于航行的船舶模型，将知识应用到实际中去。在“述航海梦，展望未来”模块，提升自己的表达能力，不仅要敢想、敢做，更要敢说。学生可以总结自己在理论与实践中对航行与船舶、人类与世界、个体与合作的收获，展示项目化学习成果，甚至用外语将中国故事讲出去。

一、课程整体设计

学校针对“未来航海家”创课程，从主题、涉及的学科和主要目标三方面出发，设计了一个总体的框架(见图 6-1)。

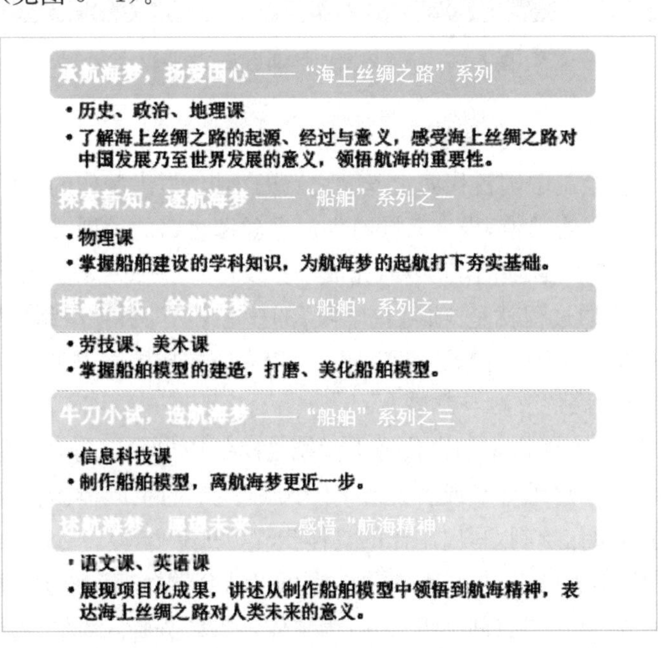

图 6-1 “未来航海家”创课程框架体系

二、案例介绍

下面以“承航海梦,扬中国心”模块为例,解读该课程的实施要求与结果。

(一)“海上丝绸之路”概述

目标导引:学生了解海上丝绸之路的概念与不同时期的特征。

项目任务:以小组为单位,根据海上丝绸之路的概述,思考讨论设计大事年表的要素。小组协作绘制中国古代海上丝绸之路的大事年表,写出制作的具体步骤(见图 6-2)。

支持系统:“海上丝绸之路的路线图”“海上丝绸之路的介绍视频”和教师讲解。

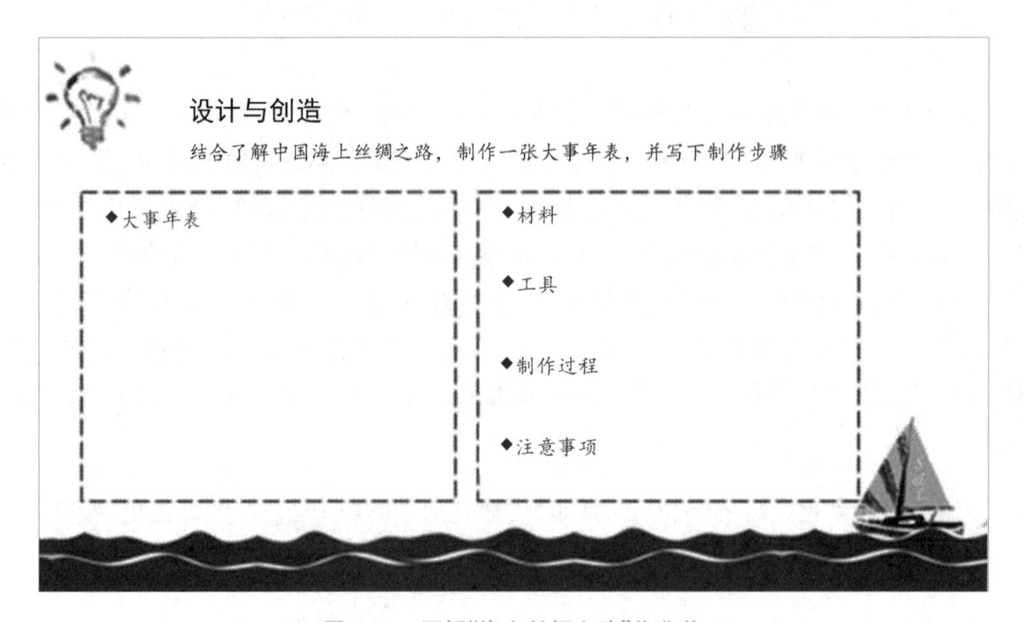

图 6-2 了解“海上丝绸之路”作业单

(二)海上丝绸之路的历史发展

目标导引:学生绘制中国古代海上丝绸之路的小报,写出制作的具体步骤。

项目任务:以小组为单位,根据不同时期海上丝绸之路的发展,讨论小报的主题。

支持系统:提供“小报制作作业单”,完成小报设计(见图 6-3)。

这一任务单的本质过程就是“项目化学习”的核心环节,引导小组的团队在分工合作的基础上,有物化的成功为目标来驱动学习。学校介绍的成果案例如图 6-4 所示。

(三)海上丝绸之路的交融与辉映

学生以小组为单位,根据中国古代海上丝绸之路的历史发展与对其他国家的影响,选择制作“海上丝绸之路”思维导图或者开展“小小旅行家”的主题体验活动绘制旅行方案。小组思考讨论主题,协作绘制,写出制作的具体步骤(见图 6-5)。

按照以上要求,学生可以寻找相关素材,也可以结合学校“航海创新实验室”里摆放或电脑中收集的有关资料,以“航创小组”为行为主体,开展“头脑风暴”“集思广益”的探索实践,形成目标要求的学习成果(见图 6-6 和图 6-7)。

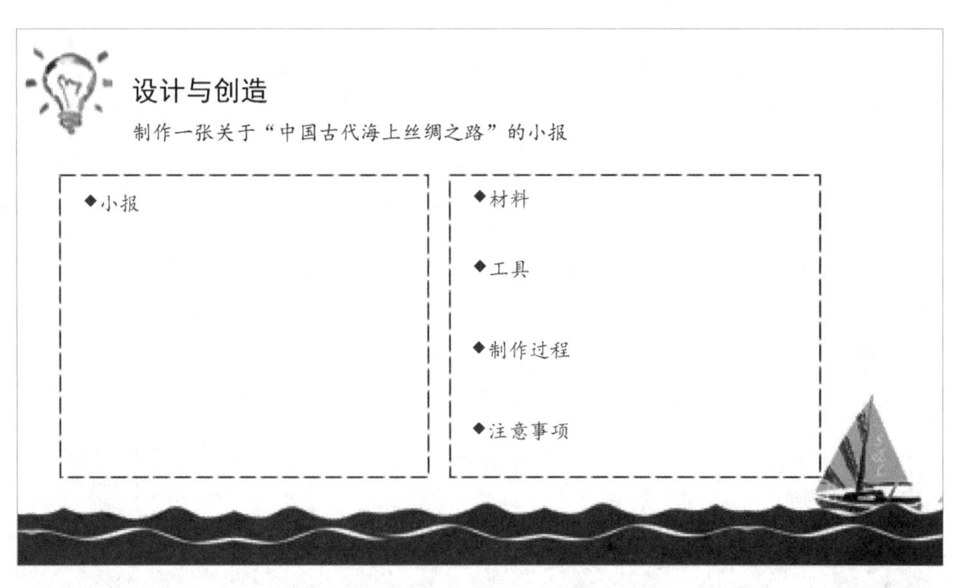

图 6-3 “中国古代海上丝绸之路”小报制作作业单

中国古代海上丝绸之路

鼎盛时期的海上丝绸之路示意图

一、著名海上港口

第一就是广州港，关于广州这个港口它可以说是历史上唯一一个经过两千年而长盛不衰的一个大港。在历史上，广州在 3 世纪 30 年代的时候，它就已经成为了海上丝绸之路的主要港口，并且它凭借着自身所拥有的海上交通这一优越条件，成为了中国贸易往来的发源地。

第二就是泉州港，泉州是在元代时期的时候成为了世界上的第一大港。首先泉州主要是位于福建的南部，在它的东面是浩瀚的东海，它的北、西、南面是大山。除此之外，泉州这一代土地肥沃，物产比较丰富。在唐末五代的时候，泉州的造船业就已经是相当大的规模了。而且它还与台湾海峡相接，拥有纯天然的良港。

二、海上丝绸之路的发展

海上丝绸之路发展过程，大致可分为六个历史阶段：

海上丝绸之路**开创期——先秦**；

海上丝绸之路**形成期——秦汉**；

海上丝绸之路**发展期——魏晋**；

海上丝绸之路**繁盛期——隋唐**；

海上丝绸之路**鼎盛时期——宋元**；

海上丝绸之路**由盛及衰——明清**。

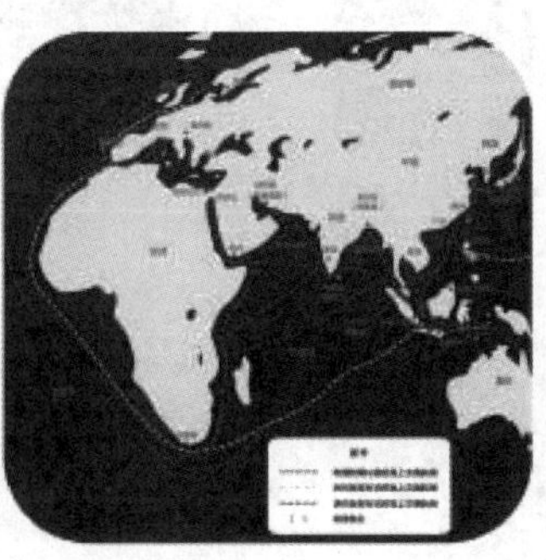

明清时期的海上丝绸之路示意图

三、海上丝绸之路的意义

古代海上丝绸之路从中国东南沿海，经过中南半岛和南海诸国，穿过印度洋，进入红海，抵达东非和欧洲，成为中国与外国贸易往来和文化交流的海上大通道，并推动了沿线各国的共同发展。中国输往世界各地的主要货物，从丝绸到瓷器与茶叶，形成一股持续吹向全球的东方文明之风。

图 6-4 “中国古代海上丝绸之路”小报制作案例

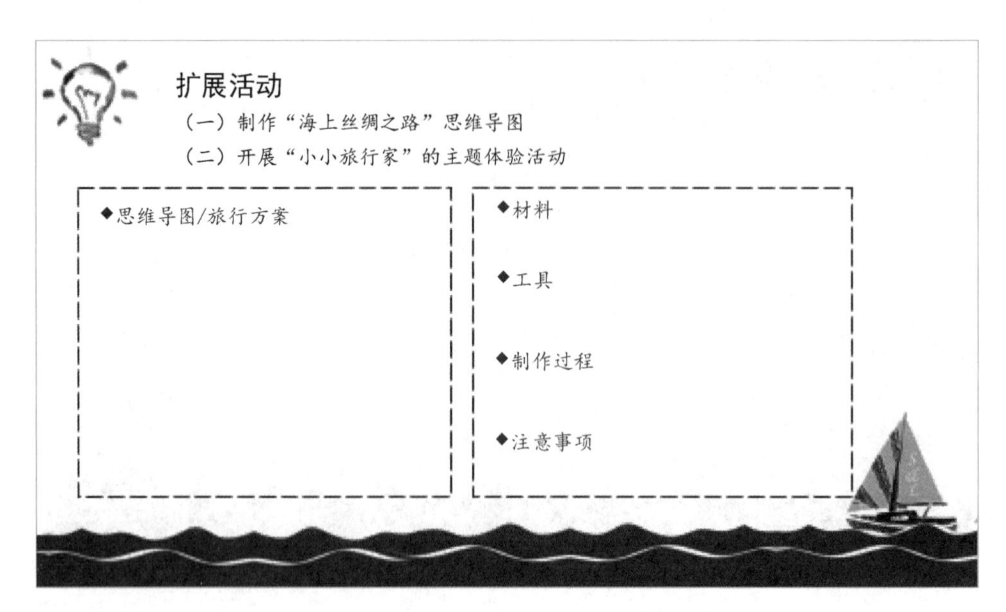

图 6-5 “海上丝绸之路”扩展活动作业单

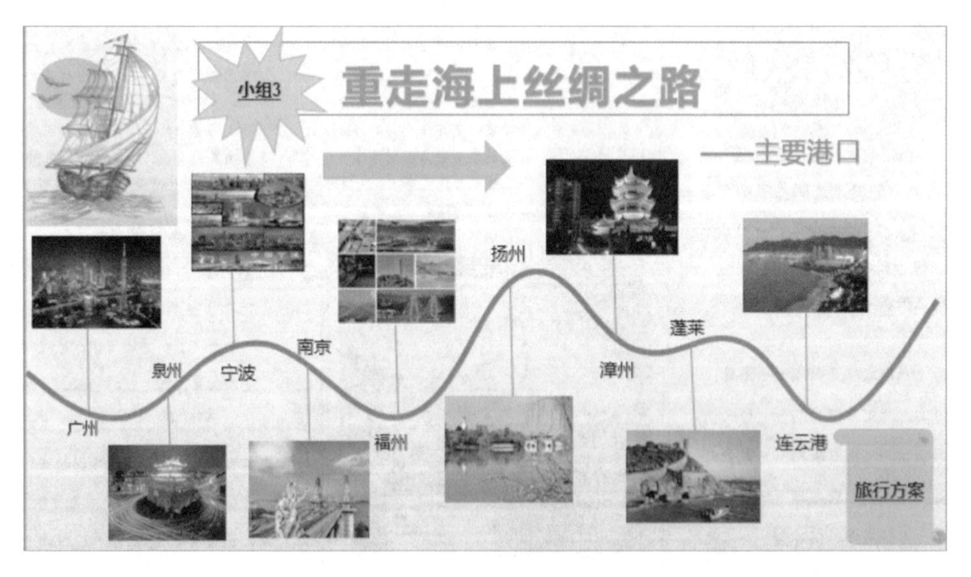

图 6-6 “小小旅行家”主题体验活动设计

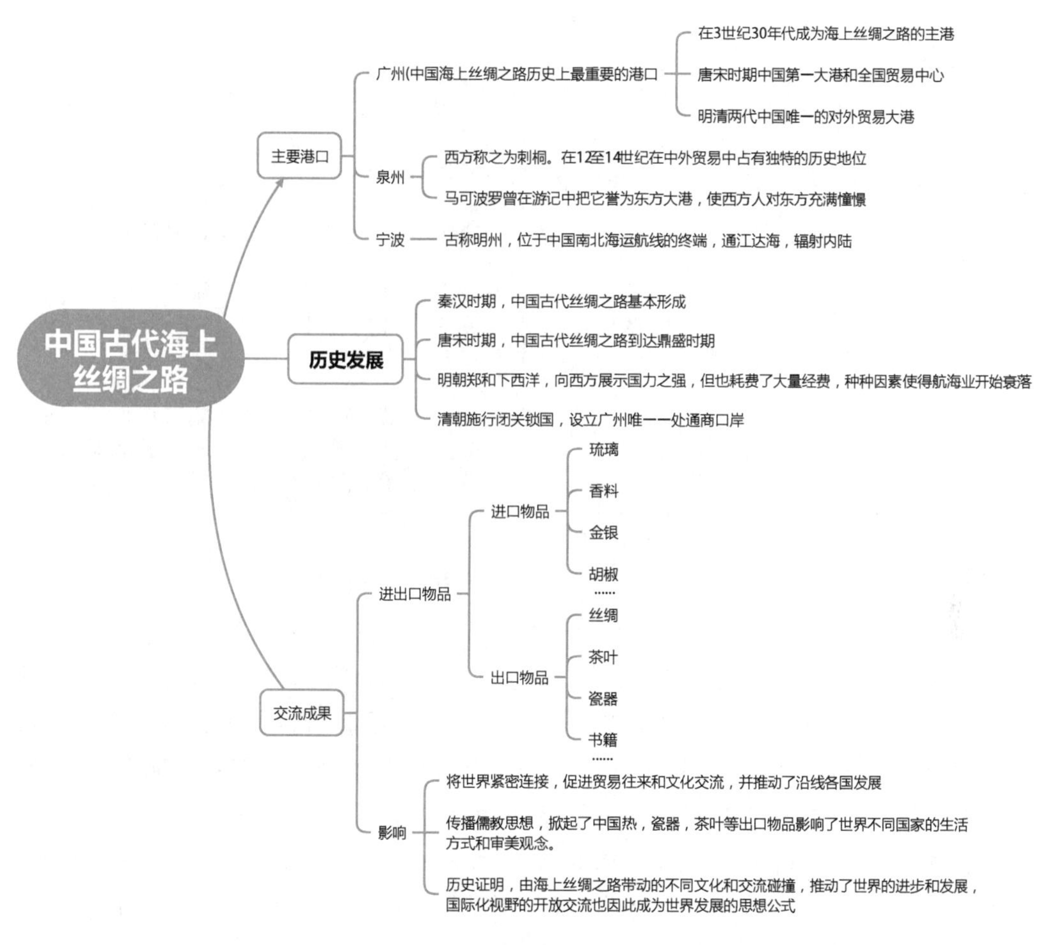

图 6－7 “海上丝绸之路”思维导图

对于本单元的实施，在基本完成后，教师的小结如下：

随着“双减”政策落地实施和《义务教育课程方案和课程标准(2022)》的颁布印发，基础教育课程改革将进入一个新的发展阶段。在推进教与学方式的变革中，“航创”综合课程项目化学习团队正不断探索以“主题项目”为载体，从学科本位出发进行跨学科融合的项目化课程研究，通过有效的衔接、融合和拓展，持续关注学生创造性解决问题能力的培养，让学生在自由的空间里多元化学习，以更好地实现“减负・提质・增效”的总目标和素养本位的课程改革目标，推动教育向更优质、更高效的方向稳步前进。

以上小结说明学校在课程实施中还主动对标国家新方针、新要求，基本达成了课程的预期目标。

作为参与“航创”联盟课程建设的探索成果转化或拓展，学校还注意将之纳入校园文化的建设系统中，使课程支撑学生综合素养提升有了新的渠道和形态。例如，学校为之创办的“航海文化节”活动，一开始就注意分“届别”、立制度的途径，拓展了学校的文虎特色。

下面呈现的是学校推出的首届航海文化节活动安排(见表 6－1)。

表 6-1 上海市澧溪中学首届航海文化节活动

周 次	日 期	活动主题	活动要求	优秀作品展示
第 18 周	6 月 13 日～6 月 20 日	“创思”航海棋的设计制作	航海棋的设计要求原创、内容与航海特色相关、设计理念合理、图纸绘制美观	航海文化节闭幕式上分享设计思路和理念
第 19 周	6 月 20 日～6 月 27 日	“创绘”吉祥物设计制作（形式美、意象美、情感美、名字美）	吉祥物要求原创、与航海特色相关、拟人化的处理、吉祥物具有美观亲和力	航海文化节闭幕式上分享设计思路和理念
第 20 周	6 月 27 日～7 月 5 日	“红色记忆 蓝色航海”主题朗诵	朗诵文稿要求原创，朗诵形式：同学小组合作模式、个人诵读模式、亲子诵读模式	航海文化节闭幕式上展示朗诵成果

学校的动员则以“有理想、有本领、有担当”作为指导思想，让学生深感参加学校的航海文化节是一种时代对“未来航海家”的呼唤：

我们的“航创”学习也需要你从一名“学习者”成长为“创新者”。从郑和下西洋到 21 世纪海上丝绸之路，海洋哺育了人类文明，凝结了中国智慧。而我们澧溪学子通过“航创”课程，将会学习不同学科知识，打破学科壁垒，将知识应用到实际中去、成就“创思”“创想”“创做”“创绘”的小小“未来航海家”。

同学们，即使闪电交加、铅云低垂，我们也不畏风雨。“澧溪号”航船即将出发，你做好准备了吗？让我们以饱满的状态加入这次“航创”之旅吧，快来把你的创新想法、设计、作品通过本次航海文化节展示出来吧！

澧溪中学通过一个学期带有品牌特色的“航创”项目化学习课程实施，包括联合中国航海博物馆开展记忆拼图、航海云课堂直播、“云游”博物馆等线上互动，以及搭建航海文化节这一新平台，实现了吸引更多师生参与其中的初衷，通过整合资源、通力协作，使航海特色课程渗透到学校教育教学的整个过程，实现了提升师生的综合素养和创造性思维，营造健康文明、积极向上、具有独特航海魅力和文化内涵的良好氛围的目标。

第二节 “古今中外航海达人”创课程

这是上海海事大学附属北蔡高级中学以“研究性学习”为风格的课程之一，同样是围绕“航路”主题展开，以各种航海达人为研究对象，再落到自身的拓展课题研究计划上。

一、课程整体设计

本课程的核心意涵是强化“立德树人”的宗旨，但不是采取一般“说理”的方式，而是注重对航海文化的精神启示，用范例启发，对范例引发问题，对问题开展探究，注重探究的文献方法借鉴，启示自身进行拓展性的进一步研究。其整体设计如图6-8所示。

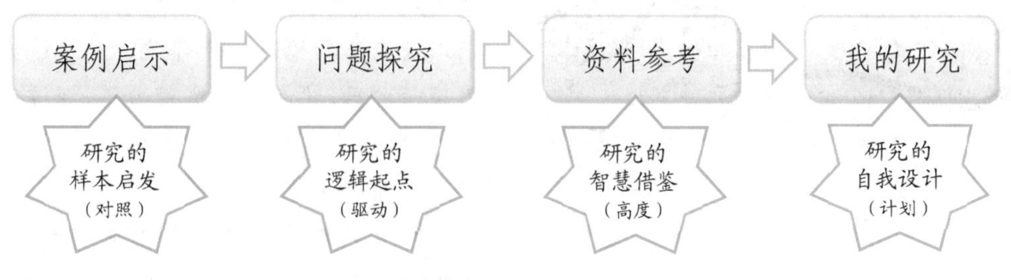

图6-8 “研究性学习”课程的一种实施模式

结合航海文化，本节将围绕古今中外的航海达人开展精神和实践层面的探究。

二、案例介绍

（一）扬帆航行的达人

1. 案例启示

18岁前孤帆游环球的小达人

2008年5月31日，美国加州16岁男孩扎克·桑德兰驾驶帆船从洛杉矶海岸出发，在18岁生日之前航行6.4万公里，穿越三大洋，成为人类历史上独自驾帆船环游世界的年龄最小的人(见图6-9)！

当年的扎克是加州千橡树镇一名高二学生，是家中7个孩子老大，父亲劳伦斯是一名资深的造船木匠和游艇驾驶员。扎克的母亲玛丽安说，当扎克出生时她和丈夫就住在一艘16.7米长的船上，随后一家人都在加州和墨西哥之间的海面巡航，因此扎克从小就喜欢大海。当扎克稍长大后，父亲劳伦斯干脆就雇佣儿子当自己的“夜间观察船长”。

图6-9 “孤帆游环球”小达人

16岁时的扎克长成身高1.8米的英俊男孩。他酷爱运动，在学校橄榄球队中充当后卫。与此同时，他对航海的热爱也日益强烈。他作出了一个惊人决定——独自驾驶一艘帆船环游世界三大洋！他说：“对我来说，这次探险是为了让自己开阔眼界，我希望自己待在海洋上的时间能和待在陆地上的时间一样多！”

扎克用零用钱买来价值3 000美元的11公尺长帆船“爱兰德号”，另外又花了300美元购买全球定位系统GPS等装备。出发前，劳伦斯和儿子一起检查帆船，以确保它百分百安全可靠，他说：“我很高兴能为儿子的梦想出力。”

扎克的孤帆游环球之旅，先后穿越了太平洋、印度洋、大西洋等海域，第一站是6 400公里外的西太平洋的马绍尔群岛，接着将驶往基里巴斯的塔拉瓦岛、所罗门群

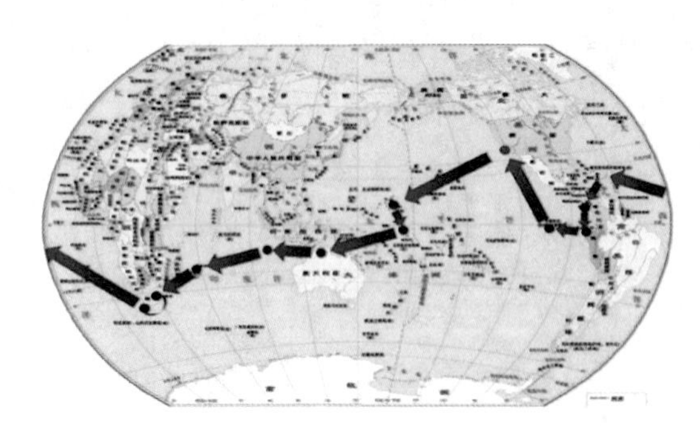

图 6-10 扎克环球之旅线路示意

岛、星期四岛,以及澳大利亚的达尔文市。随后,扎克会继续向科科斯马尔维纳斯群岛进发,穿越整个印度洋,然后经过毛里求斯以及南非的德班和开普敦。在绕过南非好望角之后,扎克再穿越大西洋,经过巴拿马运河、厄瓜多尔西部的加拉帕哥斯群岛,最后向北返回美国。

扎克的环球总航程大约 6.4 万公里,出发前他注射了相关免疫针,配备相关食品和药物及钓鱼竿。一路上,他用雷达来获取附近海域的航线状况,还有一个可免费拨打的卫星电话,可获得任何地方的天气预报。在环游世界期间,扎克每天都要抽出时间在帆船上学习,而且会在自己网站上记录环球航海行程。“爱兰德号”帆船是他的“家”,睡的“床”是船上一个狭小铺位,晚上睡觉必须时刻警醒,以免一不留神就滚落到海中,或者被其他大型船只撞到。扎克还将面临 16 岁男孩无法想象的挑战——极可能遇到凶狠的索马里海盗,而南非好望角附近的海域可能发生猛烈而无法预测的风暴。这一切困难,扎克都必须克服。

(节选自陈瑜《扎克·桑德兰:18 岁前孤帆游环球》)

2. 问题探究

是什么原因使扎克踏上了环球航行?帆船航行于行星风系以及洋流的关系?如何正确地在航行中找到自己的位置?

(请你和同学一起,在分工查阅资料和充分讨论后,将上述问题的答案进行总结归纳,绘制在太平洋上航行时帆船的帆向可能是什么样的,并在课堂中交流展示)

3. 资料参考

帆船的航行方式

顺风行驶(Running)

顺风行驶在一般人的想法中应该是最正常的行驶方式了,风从后方来,推动船只向前行,有如人说“一帆风顺”一般,但对小帆船的入门水手而言,顺风却是具有相当难度的,问题在于顺风时,风的来向和船平行,没有横向的压力作为平衡之用,很容易因为失去平衡而翻船,开始入门的人大约须要 16 小时以上的航行时数才能适应,在平常微风的时候,顺风航行的前进速度是最慢的,因为除了风的推力,没有伯努利效应的助力,而在强风的时候,又容易因风的推力集中在左舷或右舷,而一直向另一舷转向。

侧风行驶(Reaching)

侧风行驶时,风从侧向来,被帆化作两股力量,一个是让船侧滑的力量,一个是让船前行的力量,而侧滑的力量则被“中央板”化作侧倒的力量,再由水手的重心调整相抵,只剩极少的侧移力量,称作 Leeway,而大部分的力量是向前行,是侧风行驶。

顶风行驶(Beating)

顶风行驶的极限角度是风的来向的左右各 35 度,但一般以 45 度为极限,这和船的设计有很大的关系,顶风行驶的观念是和侧风行驶相当接近的,只是顶风时,侧向的力量较侧风为大,而前进的力量又小于侧风,是易学难精的,初学者一开始可以先练顶风,因为帆会用很明确的方法指正你的错误,然后侧风行驶自然就会了。

行星风系给力,扬帆远航

行星风系是大气环流的组成部分。太阳辐射能是大气环流的动力,地球自转和公转是大气环流运行的基本影响因素。赤道地区接受太阳辐射量最多,空气受热上升,地面气压降低形成赤道低压带。受热空气上升到一定高度向高纬流去,由于地转偏向力作用产生向东风速,纬度愈高向东分力愈大,造成空气质量的水平辐合、堆积和向地面下沉,引起地面气压升高。在副热带纬度高空的水平辐合最强,地面形成高压。副热带高压的空气在地面辐散,由于地转偏向力作用,流向低纬度的气流在北半球成为东北信风,南半球成为西南信风。这一经向垂直环流圈即为哈特莱环流圈,信风是其低层气流。由于空气连续的原因,地面副热带高压向高纬度流去的气流,因地球自转,成为盛行西风带,它与极地高压带偏东气流交汇成为极锋,空气辐合上升,在北纬 60°和南纬 60°附近形成低压带,即副极地低压带。上升空气到一定高度后又向南北流去,向南流去的空气质量在副热带纬度下沉。这一经向垂直环流圈即为费雷尔环流圈,地面盛行西风带是其低层气流。在极锋上空向高纬度流去的气流,因地转偏向力作用成为西南风,在极地下沉形成极地高压,同地面高压流出的偏东气流组成为极地环流圈,地面偏东气流是这个经向环流圈的低层气流。

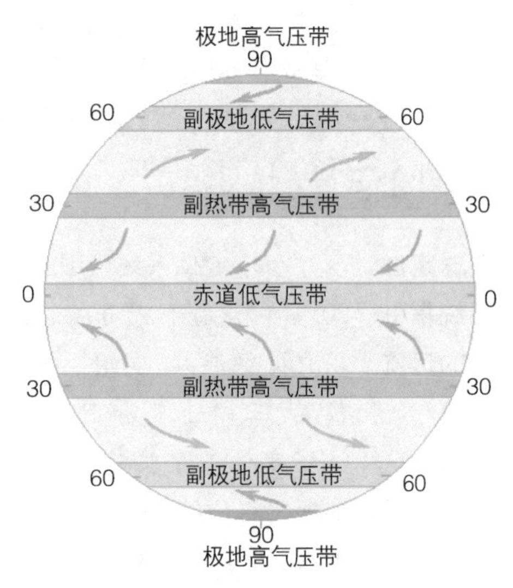

巧借洋流正能量

洋流又称海流,海洋中除了由引潮力引起的潮汐运动,海水沿一定途径的大规模流动。引起海流运动的因素可以是风,也可以是热盐效应造成的海水密度分布的不均匀性。前者表现为作用于海面的风应力,后者表现为海水中的水平压强梯度力。加上地转偏向力的作用,便造成海水既有水平流动,又有铅直流动。其中盛行风是洋流的主要动力。由于海岸和海底的阻挡和摩擦作用,海流在近海岸和接近海底处的表现,和在开阔海洋上有很大的差别。

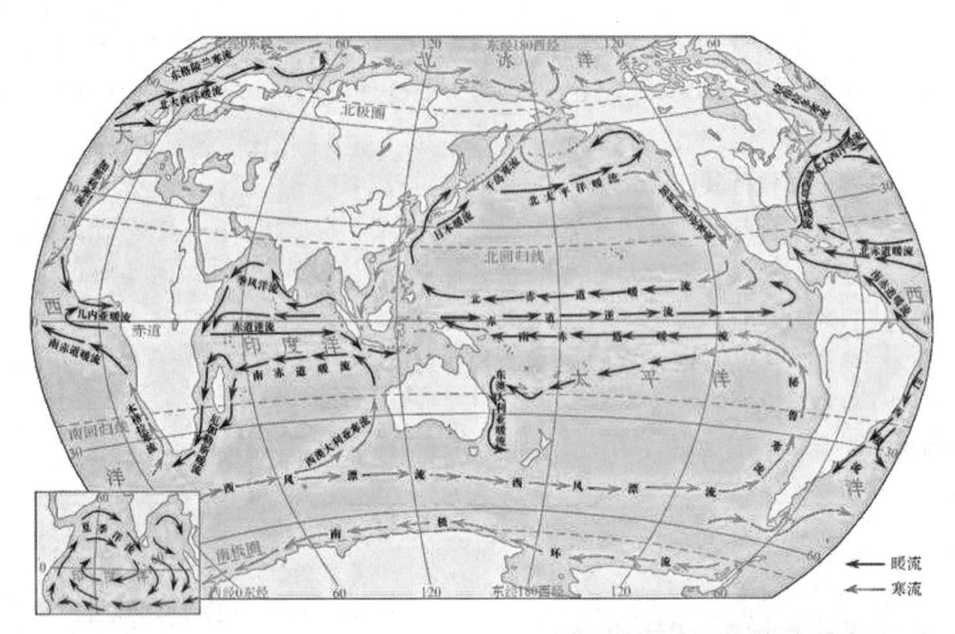

全球定位系统指引你的远航线路

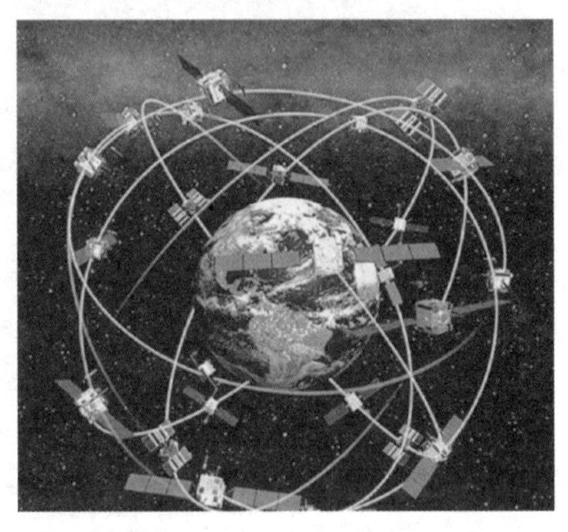

全球定位系统(GPS)是美国经历20多年研究开发而成的。它为全球用户提供连续、实时、高精度的三维位置、三维速度和时间信息。目前GPS定位与导航功能已广泛用于舰船和飞机,精密测绘、作战训练、海洋捕捞、资源开发等。GPS在航海中定位导航,编制计划航线及测定罗经差,评估雷达方位、距离精度和抛锚作业及监视锚位等都有应用。

北斗卫星导航系统(BDS)是中国自行研制的全球卫星导航系统,也是继GPS、GLONASS之后的第三个成熟的卫星导航系统,和美国GPS、俄罗斯GLONASS、欧盟GALILEO,都是联合国卫星导航委员会已认定的供应商。

4. 我的研究

关于科学使用船帆与巧借外力、科学航海的探究

<table>
<tr><td rowspan="2">我找到的其他资料</td><td>名　称</td><td>出　处</td></tr>
<tr><td></td><td></td></tr>
<tr><td>我的主要观点:</td><td colspan="2">破题“航向”图:</td></tr>
</table>

(二)“当好人生的水手”

1. 案例启示

卡拉汉的纪实小说《漂流——我一个人在海上的76天》

2012年上映的电影《少年派的奇幻漂流》获得观众和奥斯卡评委一致认可，导演李安说：“我在筹备这部电影时，最主要的工具书，便是史蒂芬·卡拉汉的纪实小说《漂流——我一个人在海上的76天》。”

1952年，卡拉汉出生于美国海滨城市波士顿，父亲是名建筑师。年少时，卡拉汉参加了童子军的航海活动，还读完一本《独自驾船环游世界》图书。12岁时，他就告诉自己：“一定要成为一个航海家，这比什么都重要。”随着年龄增长，卡拉汉开始自学船只设计与制造，参与世界各地的航海活动，即使在雪城大学学习哲学期间也不例外。1977年，卡拉汉航行至缅因州小城拉莫尼。在这里可以随时到对面的岛上的国家公园感受美丽自然风光。于是，卡拉汉带着新婚妻子芙莉莎在这里安家住了下来。但出于爱好，他还是经常出海航行。

1982年初，卡拉汉参加了横渡大西洋的单人帆船大赛，航程起点在英国西南角的彭赞斯市，终点在加勒比海安提瓜岛。最初航行很顺利。他一边听收音机，一边把船当成鼓来敲。一天晚上，卡拉汉的帆船触礁并沉没，他迅速逃到了救生筏上。这时他离陆地有数千公里，而救生筏还在朝着大西洋中心海域漂去……

卡拉汉知道只有到航道上去，才有可能被救起。他估计航道在西边约500公里的地方，至少需要两周才能到达，而现在只有4升淡水，只够喝大概8天。对他来说，此时地球上最大的沙漠就是海洋，这里水都不能饮用，也没有遮阳的地方。

除了一只鱼叉和几样补给品，卡拉汉又找到了3个太阳能蒸馏器，靠鱼叉寻食物，靠蒸馏器制造一些淡水，尽管皮肤长满了疮，但依靠他顽强的斗志，在海上迷失了15天后，终于漂到了航道上。可是，他看到的船并没有看到他……。独自漂流了66天后，蒸馏器底部的过滤布已经全烂了，水源只剩下降雨。70天之后，他的身体和意志都开始停止运转，自己认为已经死了。第76天，一片绿色映入眼帘，卡拉汉漂到了目的地安提瓜岛以南不到100公里的一个小岛，被渔民救上了岸。

卡拉汉的感悟是：“没空去死。只要活着一天，就要当一天人生的水手。”

（来自中国新闻网）

2. 问题探究

航海过程中会遇到哪些困难？海上遇难后应如何正确面对？海上求救的方式有哪些？海上救援的难度在何处？

（请同学们针对以上问题通过资料查询后作出回答，并将结果以短文形式呈现，并且模拟一个海上遇难场景，说说解决的方法，如GPS系统故障时通过什么途径可以得知自己的大概经纬度坐标）

3. 资料参考

"SOS"遇难信号

船舶在浩瀚大洋中航行,由于浓雾、风暴、冰山、暗礁、机器失灵、与其他船只相撞等等,往往会发生意外的事故。当死神向人们逼近时,"SOS"的遇难信号便飞向海空,传往四面八方。收到遇难信号,附近船只便急速驶往出事地点,搭救遇难者。

许多人都认为"SOS"是三个英文词的缩写。但究竟是哪三个英文词呢?有人认为是"Save Our Souls"(拯救我们的灵魂);有人解释为"Save Our Ship"(救救我们的船);有人推测是"Send Our Succour"(速来援助);还有人理解为"Saving Of Soul"(救命)……。真是众说纷纭。其实,"SOS"的原制定者本没有这些意思。SOS另有一种表现方法为191519。19、15、19分别为S、O、S在26个英文字母中的顺序。原因是SOS求救信号广为人知,当在极端被动的情况之下SOS会暴露受难者求救的信息,所以191519是另一种隐晦的传递和表达求救讯息的符号。

如要追溯缘由,1903年第一届国际无线电报会议在柏林召开,八个海洋大国参加了会议。考虑到航海业的迅速发展和海上事故的日益增多,会议提出要确定专门的船舶遇难无线电信号。有建议用三个"S"和三个"D"字母组成的"SSSDDD"作为遇难信号,但没有获得会议正式肯定。不久,英国的马可尼无线电公司宣布,用"CQD"作为船舶遇难信号,是在当时欧洲铁路无线电通讯一般呼号"CQ"后边加一个"D"。海员们则把"CQD"解释为"Come quick, danger"(速来,危险)。"CQD"信号只在安装有马可尼公司无线电设备的船舶上使用,所以仍然不能算作是国际统一的遇难信号。

1906年,第二届国际无线电会议在柏林召开。会议决定要用一种更清楚、更准确的信号来代替"CQD"。多国代表提出多种方案,其中"SOE"方案为与会者开阔了思路。经讨论后,有人提出再用一个"S"来代替"SOE"中的"E",即成为"SOS"。在莫尔斯电码中,"SOS"是"···———···"。它简短、准确、连续而有节奏,易于拍发和阅读,也很易懂。

六分仪

六分仪,一种用来测量远方两个目标之间夹角的光学仪器。利用六分仪可以测量某一时刻太阳或其他天体与海平线或地平线的夹角,以便迅速得知海船或飞机所在位置的经纬度。

早期航海家在大海中航行时,需要不断确定航船所处的位置,即船所处的经度和纬度的交叉点，这需要有一种仪器，它能通过对地平线和中午的太阳之间的夹角的测量，或测量地平线和某颗固定星之间夹角来确定纬度。最初，水手用星盘来测量太阳高度，但由于船的甲板是上下起伏的，这种仪器极难操作，也不容易测算准确。后来用直角仪取代了星盘。航海图上的六分仪及两脚规、量角器、平行尺等早期航海仪器中，六分仪的精度比较高，最高能达到10角秒，且轻便易用，所以迅速取代之前操作复杂的星盘，成为在海洋上测量地理坐标的利器，也彻底解决了精确断定海上航线这一困扰无数航海家的难题。1769年，库克船长就是在六分仪的帮助下成功抵达塔希提岛并观测金星凌日的。

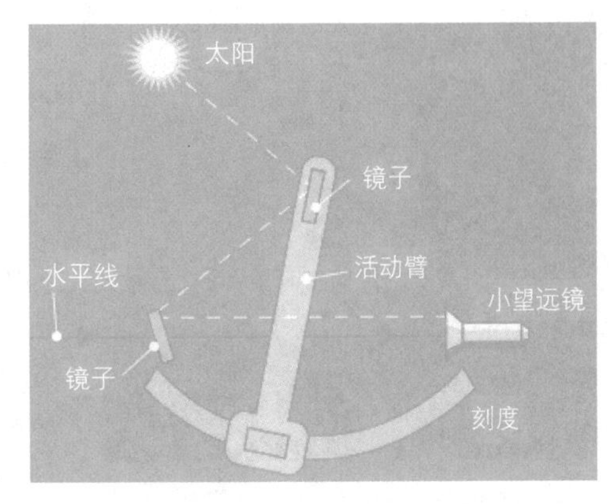

4. 我的研究

<table>
<tr><td rowspan="2">我找到的其他资料</td><td>名　　称</td><td>出　　处</td></tr>
<tr><td></td><td></td></tr>
<tr><td colspan="3">我的主要观点：</td></tr>
<tr><td colspan="3">情境创设：</td></tr>
</table>

(三) 中国航海家：翟墨

1. 案例启示

扬帆“日照号”，环球航海人

中国航海达人翟墨，于2007年1月6日从山东日照起航，独驾“日照号”无动力帆船开始环球航行。“日照号”是一艘41英尺的单桅单体帆船，适合于远洋竞技航行。船长12米、宽4米，船体由碳素纤维和玻璃钢制成，重量轻、速度快。

翟墨驾驶“日照号”先后沿黄海、东海、南海出境,过雅加达、马达加斯加、好望角、巴拿马,途经印度洋、大西洋、太平洋三大洋,中国海、苏禄海、苏拉威西海、爪哇海、加勒比海五海,穿越台湾海峡、望加锡海峡、莫桑比克海峡、巴拿马运河,停靠12个国家、18个港口,截至2008年12月12日,总航程33 467海里,圆满完成环球航行。2009年2月12日,翟墨终于抵达海南三亚,宣告了环球航行的成功。

在长达两年半的航程中,航海家和艺术家翟墨到过数不清的小岛、小村、小港。每一次,他都会主动接触那些几乎与世隔绝的原始居民,了解他们的风土人情,研究他们的传统艺术,“我认为,我整个的航海过程就是在传播我们的文化,并与别的文化进行交流。”翟墨说,他每到一个地方,都会在那里逗留一周左右,在此期间举办画展。

茫茫大海,一艘帆船,一个人,与之相伴的很有可能是飓风、巨浪和各种威胁。航程的危险是常遭遇飓风、巨浪。在一次深海航行中,一条大鲨鱼始终保持在10米的距离,跟了翟墨一天一夜,到了晚上,还借着月光跳出水面,并行在船侧。他所经历的是一项充满惊险、艰辛的旅程,对生存能力极限是一种极大挑战。翟墨用力量、意志和智慧与风浪搏击,战胜了死神和孤独。600多年的中国人郑和带领团队七次下西洋。而翟墨驾驶着悬挂中国国旗的无动力帆船,翟墨用自己的行动再次向世界昭示,我们炎黄子孙面对海洋的勇气、豪情、信念和智慧;充分体现了中国人百折不挠、自强不息的伟大民族精神。

2. 问题探究

你知道我国现代航海家翟墨的航海线路吗?他战胜困难的智慧与勇气具体有哪些表现?你可以从这个案例中得到哪些启示?

(请你和同学一起,在分工查阅资料和充分讨论后,将上述问题的答案写个报告,在课堂中交流展示)

3. 资料参考

我国职业航海家郭川获得吉尼斯世界纪录

2012年11月,郭川开启“单人不间断帆船环球航行”之旅,经历了超过21 600海里的艰苦航行,于2013年4月5日驾驶“青岛号”帆船返回母港青岛,成为第一个完成单人不间断环球航行的中国人,同时创造国际帆联认可的40英尺级帆船单人不间断环球航行世界纪录。

郭川获得的吉尼斯世界纪录证书上用英文写着:来自中国的郭川创造了

40 英尺级帆船单人环球航行最快成绩：137 天 20 小时 1 分 57 秒。出发点：中国山东青岛奥林匹克中心。出发时间：2012 年 11 月 18 日。返回时间：2013 年 4 月 4 日。

48 岁的郭川在颁奖仪式上表示，自己在很小的时候就知道吉尼斯世界纪录大全，那时候感觉上面的纪录都非常神奇，令人充满无限遐想，根本没想到有一天自己会成为其中的一员。“在吉尼斯总部所在的伦敦接受这个证书，我感到非常自豪。”

第九届克利伯环球帆船赛在伦敦圣凯瑟琳码头举行起航仪式时，来自中国青岛的女船员宋坤将作为“青岛号”船员参加全部赛段比赛。郭川为宋坤送行并祝她取得好成绩。

上海海事大学——中国航海家的摇篮

中国高等航海教育发轫于上海，1909 年南洋公学船政科开创了我国高等航海教育的先河，1912 年命名为吴淞商船专科学校；1933 年更名为吴淞商船专科学校。伴随历史变迁，曾一度停办，最终于抗战胜利后在沪第三次复校。1950 年，吴淞商船专科学校升格为上海航务学院。1959 年，交通部在沪组建上海海运学院。2004 年，经教育部批准上海海运学院更名为上海海事大学。

上海海事大学是一所以航运技术、经济与管理为特色，具有工学、管理学、经济学、法学、文学和理学等学科门类的多科性大学。学校致力于培养国家航运业所需要的各级各类人才，已向全国港航企事业单位及政府部门输送了 6 万余名毕业生，被誉为“中国航海家的摇篮”。

4. 我的研究

关于对中国“现代航海家”培养的认识

我对中国航海家探究的信息来源	名　称	出　处
我的主要认识：		

第三节 "海上新丝路"创课程

这是上海海事大学附属北蔡高级中学指向"航路新探"的又一门课程,是以"项目化学习"的方式呈现,让学生围绕主题相关环节体验,组合成整体性学习流程,最终指向综合素养培育。

一、课程整体设计

本探究课程围绕"航路新探"的主题,设计了八个环节,以体现项目化学习流程要求。其遵循的实践模式如图 6-11 所示。

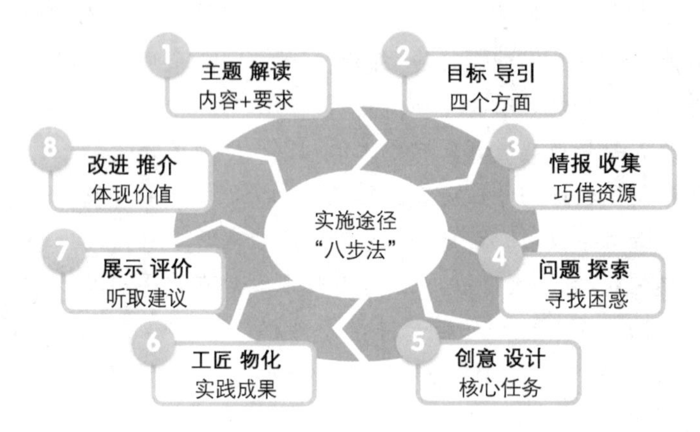

图 6-11 关于"航路新探"探究课程的实践模式

二、案例介绍

(一) 主题解读

古今中外有一个共识,即海洋是各国经贸文化交流的天然纽带;构建各国和各地区之间贸易往来和文化交流的海上大通道,推动沿线社会经济共同发展,应该是一个承古而拓新、永远值得探索的命题。图 6-12 说明中国对该命题的探索为世界贡献了独有的智慧与成果。

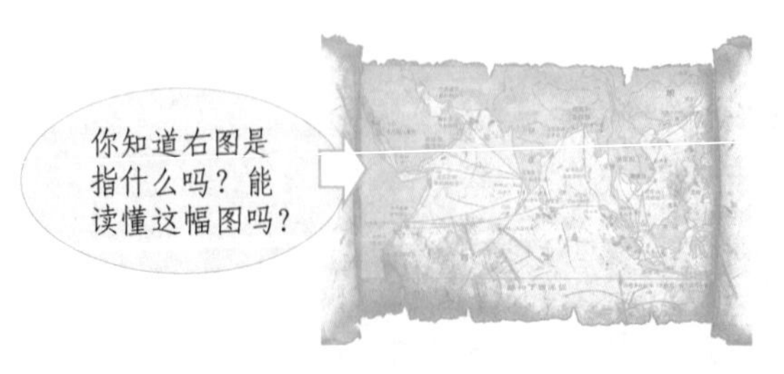

图 6-12 关于海上丝绸之路的文物解释

1. 古代海上丝绸之路

海上丝绸之路即指古代中国与世界其他地区进行经济文化交流交往的海上通道，始于2 000多年前。古代海上丝绸之路从中国东南沿海，经过中南半岛和南海诸国，穿过印度洋，进入红海，抵达东非和欧洲，成为中国与外国实现多元对接的最佳渠道。如图6－13所示。

图6－13 古代海上丝绸之路

古代海上丝绸之路主要交易的商品如表6－2所示。

表6－2 古代海上丝绸之路进出口商品构成

中国出口商品	中国进口商品
自中国出发之货物主要有丝绸、茶、瓷器、金、银、书籍等	来自国外货物包括琉璃、猫眼石、明珠、象牙、香料、金银、宝石、水晶、玛瑙、琥珀、骆驼皮、乳香、没药、安息香、沉香、檀香、芦荟、胡椒、温纳齐等

2. 21世纪海上丝绸之路

共建“21世纪海上丝绸之路”，是中国提出的“一带一路”倡议的组成部分，是在全球政治、贸易格局不断变化的形势下，中国连接世界的新型贸易之路，其核心价值是通道价值和战略安全。尤其在中国成为世界上第二大经济体，全球政治经济格局合纵连横背景下，“21世纪海上丝绸之路”的开辟和拓展无疑将大大增强中国的战略安全。上海自贸区、高铁战略等，都是基于这个大背景下提出的。

3. 面向未来之航路新探

“面向未来之航路新探”，就是要怀揣一颗对“中国梦”的追求之心，在深度分析我国从古代海上丝绸之路相关知识到实现“21世纪海上丝绸之路”倡议愿景的基础上，从寻找问题出发,以“创课”课程的要求开展项目式探究。本主题需要符合“创课”的相关要素:注意在原有课程基础上适当拓展并重新组合知识体现跨学科性;注意配合项目式学习的教学方法以形成新的知识组合和教学结构;注意以一个项目为主线,以若干主题为副线,再以更多的问题为支线,形成问题解决的课程教学脉络;注意在知识重构、流程再造后借助于新的学习环境,注重创新品质的培养。

(二) 目标导引

通过本主题引导的项目探究,学校着眼在以下四个方面培育学生的综合素养。

1. 价值体认方面

强调“深化”。通过对本主题探究活动经历体验,认识我国作为航海大国对世界的历史贡献;感受在打造古代航海大国中许多中华民族杰出代表的英雄气概、伟大壮举和圣贤品质;领会“21世纪海上丝绸之路”对远洋航路开拓所体现的“合作共赢”全球意义,对中华民族实现伟大复兴“中国梦”的政治、经济和文化价值,领会新时代中国特色社会主义走强海之路的价值,对拓宽国际视野、推进“命运共同体”建设的意义认识。

2. 学科融合方面

强调“重构”。通过对本主题相关学科育人功能核心素养的融合性解读,培育关于事物与特定时间及空间的联系进行观察、分析的历史观念;对于人地关系地域系统的特点、问题进行分析、解释、预测的方法和能力等地理素养;能够根据解决问题需要,自觉、主动寻求恰当的方式和途径获取与处理信息等数字技术素养;以及将设计意念、方案转化为有形物品或对已有物品进行改进与优化的综合能力;能够综合认识这些学科素养的关系。

3. 问题能力方面

强调“解决”。结合本主题探究,能对个人感兴趣的领域和针对新航路主题开展较广泛实践探索,提出具有一定新意和可探索问题,综合运用知识分析问题,用科学方法开展研究,主动发展解决实际问题能力;能及时对研究过程及其结果进行审视、反思并优化调整,建构基于证据的、具有一定说服力的解释,形成比较规范的研究报告或其他形式的研究成果。

4. 项目设计方面

强调“物化”。针对本主题项目化作业,能针对一定问题与任务,按有关工程学的完整设计流程,包括工程方法、工程设计流程、具体设计图件、分析评判等基本方法开展设计;能用工程学的常规步骤设计、制作并修改作品,逐步培养初步工程能力;主动参与动手操作实践,熟练掌握多种操作技能,体验创意设计、动手操作、技术应用和物化能力;能较熟练掌握将设计的作品通过一定设备(如3D打印等)设备物化创意作品。

(三) 资料收集

建议通过对以下若干资料的收集活动来支持本主题的深入探索。

1. 收集证明我国古代“航海大国”的历史依据

用实证说话,这是科学和哲学都提倡的价值观方法论。未来航路新探,需要考察历史的基础,也是民族的底气所在。中国历来是航海大国,而且是曾经的航海强国,这是需要一定的史料和文物来证明的。历史依据基本是靠史料和文物的佐证，所谓“论从史出”。

请为此论点找依据

据中国古典文献记载，在宋元符年间（1098~1100），中国的海船已经用罗针导航。到明代海船普遍用罗针导航；当时掌管船只航行方向的舟师都备有秘密的海道针经，详细列出从广州或泉州往返西洋各地的针路。

可以前往“航海博物馆”参观考察或借助相关文献资料来找依据。

请将相关依据（史籍、实物照片等）填写在下面框中：

相关史籍的证明——	相关考古文物的证明——

2. 举例分析古代中西航海实力的差异

比较我国明代郑和下西洋（1405～1433）与稍后西方的哥伦布环球航海（1492～1504），在科技水平、驱动因素和对到达地的影响等方面比较，并填写在表 6 - 3 中。

表 6 - 3 东西方航海家的项目比较

比 较 项	驱动因素	科技水平	对到达地影响
郑和七下西洋			
哥伦布发现新大陆			
主要史料依据			

3. 依据事实对近代中国在航海实力变化的反思

寻找我国近代在航海方面相比世界海洋强国实力下降的事实及其依据，填写在表6-4中。

表6-4 我国近代海洋强国实力下降分析

我国近代航海实力相对下降的基本事实	证明该事实的依据

从上述探索活动中，我们能感悟什么？可以在教师组织的学习活动中进行交流。

(四) 问题探索

有人说，在学习中没有问题就是最大的问题。对本主题的深度学习与探究自然也基于具体的问题来展开。所以围绕“面向未来的航海新探”主题来发现并提出问题，就是该主题项目学习与探究的基础。对问题的发现与解决是有一定方法的，如图6-14所示。

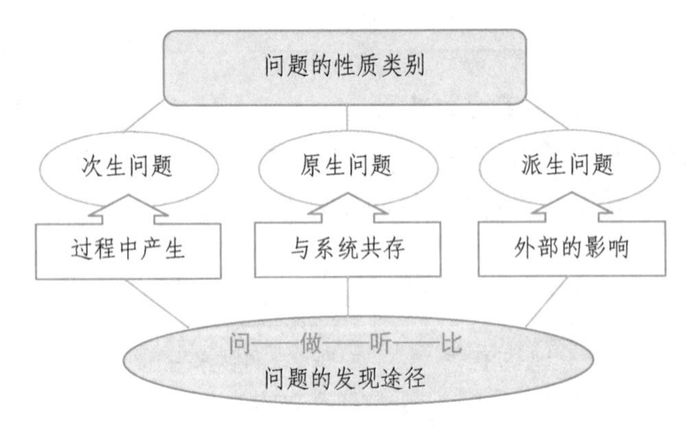

图6-14 关于“探究问题”的系统解读

而对主要问题的解决模式，也有若干思路与方式的解释，如表6-5所示。

表6-5 关于问题解决的模式

模式分类	解决的思路与方式
奥苏伯尔问题	(1) 呈现问题情境 (2) 明确问题与已知条件 (3) 填补空隙过程：问题实质——原因推理——策略选择——时间跟进——检验成效
信息加工问题	从一种问题状态转变成另一种问题状态的操作称之为算子(Operator) 原始状态——算子——过渡状态——算子——目标状态

续 表

模式分类	解决的思路与方式
格拉斯问题	把问题解决划分为相互区别又相互联系的四个阶段 理解问题——制订计划——执行检验/问题重构——完善执行/检验

说明：

奥苏伯尔问题模式的建立是基于这样的认识：一组命题之所以构成问题情境，是因为从已知条件到问题之间包含了认知空隙，学生已有知识结构中没有现成可以用于达到目标的步骤和方法。

信息加工问题模式的建立是因为问题解决的过程就是利用算子从初始状态转变到目标状态的过程。由一系列问题状态和转变问题状态的算子就组成了问题空间(Problem Space)。而要达到目标状态，就要在问题空间搜索一系列算子。

格拉斯问题模式提醒：如果制订的计划没有达到目标状态，就要返回修订计划，甚至摒弃原计划，设计并采用新的解决问题的方法。

关于发现问题和解决问题的注意事项：

(1) 客观看待问题，不夸大，不缩小。

(2) 一定要明确目的，全面分析问题是为了找到解决问题的方法、途径，让事情往积极方向发展。

(3) 在同时出现很多问题时要抓住主要问题，同时要找到主要问题的实质和根源。

(4) 警惕没有问题！没有问题就是最大的问题。做个有心人。

根据以上的指导思想，请结合本主题，寻找认为值得去探索的问题，然后在以后的环节中尝试去解决。

针对表 6-6 所列有关航路方面的不同要素或范畴，联系有关案例，提出具体问题。

表 6-6 对航路值得探索的有关问题

要素或范畴	值得探索的具体问题
航路的安全性	
港口的现代化	
航线的最短化	

(五) 创意设计

创意设计是为了解决具体的问题而进行的，其思路遵循如图 6-15 所示的一般规则。

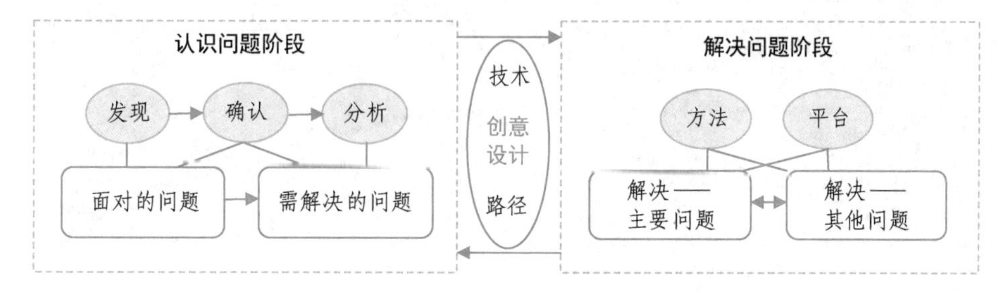

图 6-15 关于“创意设计”的一般规则

发现问题——确认问题——分析问题——找出解决问题技术路径——解决主要问题——解决次要问题——发现新的问题(循环)。需要解决的海上航路问题如下:

1. 让古代航海图“活”起来

走进位于上海浦东新区的中华艺术宫,投影在墙上的有一幅古画《清明上河图》(见图 6-16)。

图 6-16 古画《清明上河图》的部分内容

在这幅画上,各种人物、舟船、车马都是在移动中,给人们提供了一种时代穿越的历史感。这种方法能否用来“复活”一幅古代的航海地图,去形象地反映一个古代的海上航行的景象?参考下面已经简化的示意图(见图 6-17),可选择其中一个区域,也可以针对整幅图,设计一些航行的古轮船,让航行重新“活现”。

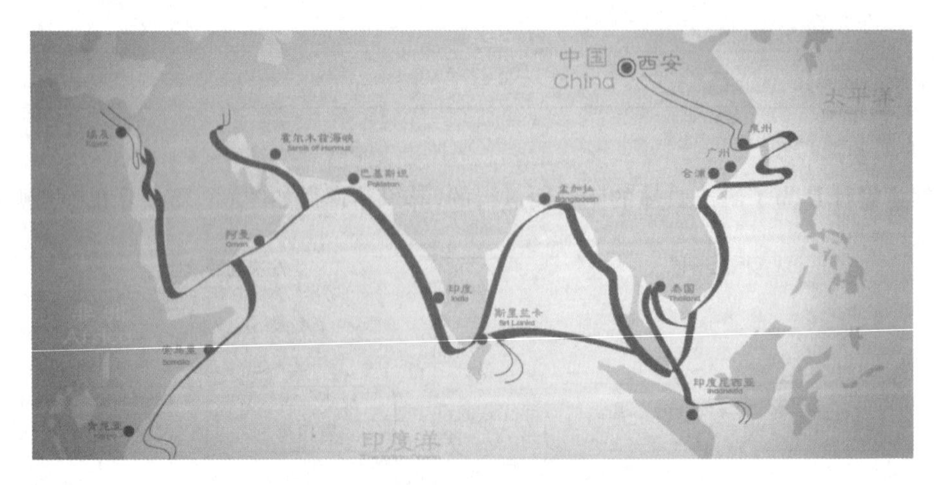

图 6-17 中国古代的航海地图示意

2. 让航船“穿越”陆地——“运河”创意设计

巴拿马地峡是热带雨林气候，潮湿闷热、丛林密布、交通闭塞、地形复杂。起初，工程想照搬苏伊士运河经验，利用巴拿马地峡众多的湖泊修建一条海平式运河，谁知施工四年之后才发现，巴拿马地峡临太平洋一端的海面，要比加勒比海一端低出 20 多厘米，根本无法修建海平式运河，这个发现给运河的施工以很大的打击。最后，工程师们采用多组船闸抬高水位的方案才解决了此难题。

现在，已经有人提出在东南亚航线（航运量约占世界第一）上寻找一条不必绕道马六甲海峡的捷径，即在克拉地峡处像当年巴拿马地峡一样，开挖一条人工运河。

如果要设计一条“克拉运河”的模型（沙盘模型或者 3D 打印模型），需要先询查资料对克拉地峡（约__________千米）两侧环境的现实问题进行确认和分析（见表 6 - 7）。

表 6 - 7 关于“克拉运河”开掘的推演

分析的要素	印度洋孟加拉湾一侧水域	西太平洋南海一侧水域
平均海拔高度		
影响施工的气候		
影响航行的洋流		

3. 穿越北冰洋航线的设计

北极航道是指穿过北冰洋，连接大西洋和太平洋的海上航道。截止到 2012 年，北极有两条航道，分别是大部分航段位于俄罗斯北部沿海的“东北航道”、大部分航段位于加拿大北极群岛水域的“西北航道”。

随着北极航道的开通逐渐从梦想变成现实，越来越多的国家及公司开始着眼于这条航道的商业价值。业内人士认为，北极航道一旦开通，将改变长期以来巴拿马运河和苏伊士运河作为连接太平洋和大西洋要道的局面，使航程大大缩短，不仅能减少运输成本，而且可以避开索马里海盗和印度洋海盗的威胁。

请配置一个充气地球仪，观察以北冰洋为中心的部分思考研究：

（1）用一些测量工具，对照比例尺，验证上面框中关于缩短航线的说法，分析其中的科学原理。

（2）在有关媒体上寻找我们国家在开辟北极航道方面的报道，针对这种实践探索就其意义、需克服的困难、对今后的展望等进行研究，将认识写出来。

（3）创编一个可以在微信平台上推送的标题为“穿越北冰洋，开辟新航道”的“美篇”：利用“微信”平台的“美篇”软件，将上述主题研究的收获用文字加照片进行合理的组合编排，按内容分专题，设计一套好标题，配上音乐，推送到朋友圈，宣传自己或小组对我国开辟北极航行的时代意义。

(六) 项目评价

项目评价的原则与思路必须是针对目标要求。评价的主体要包括自我评价、同伴(同学)评价和教师(专业人士)评价等。评价要照顾和投射展示的内容与形式。为此，可参考下列设计的框架进行多元评价。

1. 评价的主要指标与参考标准

关于教育评价，包括指标体系、概括性问题和档案袋等，都是常用的主要方式。表6－8所示为指标与参考标准体系，评价时可参考标准在相应指标中判断水平，分优、良、中、差。

表6－8 主要评价指标与参考标准

评价指标	参考标准(关键词)
价值体认维度	认同我国古代航海大国及其传统文化；理解"21世纪海上丝绸之路"与强海战略的逻辑关系；展现对新航路开拓打造"人类命运共同体"中国新时代情怀的由衷推崇
学科融合维度	体现学习内容以核心素养为导向；针对历史知识的史学素养、地理知识的区域认知、技术技能的数字化及实践素养、科学知识的求真发现能力等，展现对上述学科或领域内容的融合性
问题能力维度	能够发现并推出问题；所提的问题具有一定新意并可探索性；解决问题的方案与思路设计符合科学性和操作性要求；能联系实际有理有节地调整解决问题的方案并付诸实践
设计物化维度	体现遵照工程学原理有完整和科学流程的设计；运用工程学原理的实践过程体现出基本技能熟练、现代技术设备运用合理有效；整体展现出创意性和物化作品的优质性

2. 对项目成果的综合评价

用评语(参照目标标准，用文字简约表述)。

第七章 “航创”综合课程的未来发展

第一节 “航创”综合课程建设的时代背景新趋势

将“航创”综合课程定位于为国家“海洋强国”“航海强国”建设目标服务，为回应“中华民族振兴战略全局”和“世界百年未有之大变局”的育人担当，则首先需要关照这个目标实现的国家发展战略和时代发展背景。

一、回应“全国港口一盘棋”的战略背景

《国民经济和社会发展第十四个五年规划和2035年远景目标纲要（草案）》是我国走进新时代的经济发展顶层设计，是开启全面建设社会主义现代化国家新征程的宏伟蓝图，是全国各族人民共同的行动纲领。而面对引言中“两个大局”的新背景，国家对发展模式提出了以“国内循环”为主，国内、国际“双循环”互为支撑的构想，以及打造“统一大市场”格局思想。这对航运事业的发展是一种新的调整导向，“全国港口一盘棋”新战略也应运而生，其目标和指导思想就是通江达海“链”全球，港口群当好“金牌合伙人”。

2021年11月，国家交通运输部表示，目前中国已建成世界级港口群，港口规模稳居世界第一。航运竞争力、科技创新水平、国际影响力等方面也均已位居世界前列。依托主要干线航道和港口群形成的经济带、城市群，也是我国经济最具活力的地区。随着港口资源整合，港口布局趋于合理，港口之间的功能相互协调，逐渐形成了包含主枢纽港、支线港和喂给港结合的港口体系。

针对发展局势，未来要进一步强化从竞争向竞合。合作共赢、集约开发，已成为区域港口整合的关键词，也是促进港口转型升级的关键举措。辽宁、山东、河北、浙江、江苏、安徽、四川、广西、海南等地的省级港口集团已相继成立，其他一些未成立省级港口集团的地区正加速推进整合。我国内河航道的通航里程有12.8万公里，其中国家高等级航道超过1.6万公里，拥有生产用码头泊位20 867个，万吨级及以上的泊位是2 659个，基本形成了长三角、津冀、粤港澳等世界级的港口群。

在此基础上，以“全国港口一盘棋”为指引，深化世界级“五大港口群”的打造，已经成为强海、强航、强港的一个国家方针。五大区域港口分布如图7-1所示。

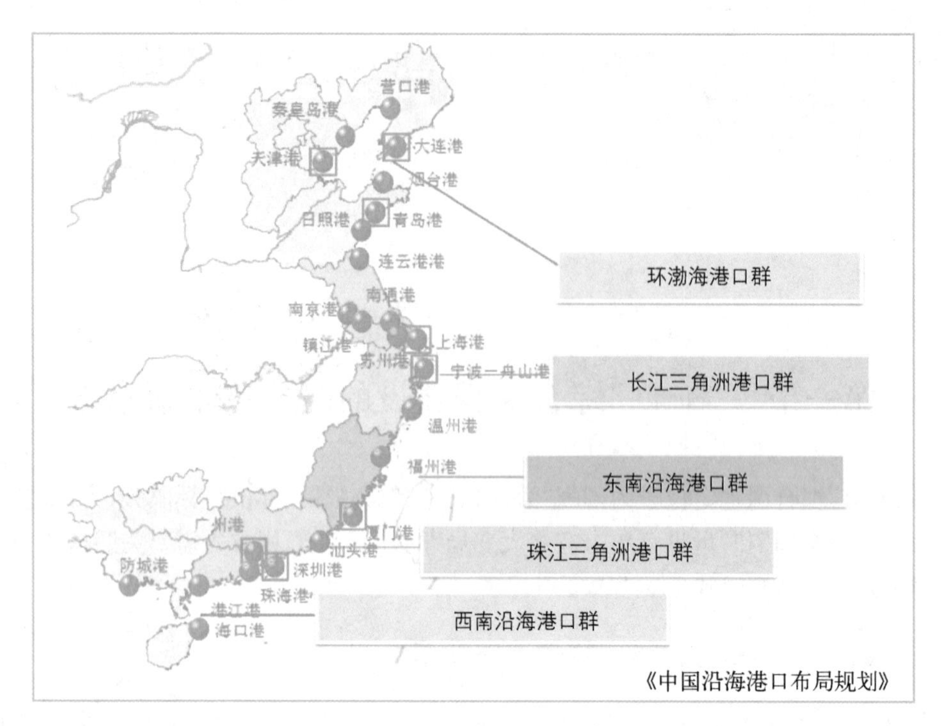

图 7-1 五大区域港口布局图

上述我国五大港口群几乎囊括所有港口，按《水运"十四五"发展规划》，未来港口建设将展现大格局趋势。

环渤海地区港口群（由辽宁、津冀和山东沿海港口群组成）区域经济建设的重要支撑。

长江三角洲地区港口群（依托上海国际航运中心，以上海、宁波、连云港港为主）全国"经济列车"前进的重要引擎。

东南沿海地区港口群（以厦门、福州港为主）海西经济建设的突破口。

珠江三角洲地区港口群（粤东和珠江三角洲地区的广州、深圳、珠海、汕头等港口为主组成）现代物流业发展的"带动器"。

西南沿海地区港口群（由粤西、广西沿海和海南省的港口组成，以湛江、防城、海口港为主）西部崛起的"火车头"港口是综合交通运输枢纽，也是经济社会发展的战略资源和重要支撑。

中国世界级港口群建设将主要围绕京津冀、长三角、粤港澳大湾区世界级港口群以及支持山东打造世界一流的海洋港口、北部湾国际门户港、洋浦国际枢纽港建设，打造高能级港口枢纽等目标，推动实施沿海港口提升工程。

风劲潮涌征帆满，中国港口群的快速高质量发展，为我国推进"一带一路"建设、"双循环"新发展格局、海洋强国等提供了有力的支持。

二、回应数据时代打造"智能航运"的战略背景

2022 年 7 月，"新时代 · 大航海 · 强国梦——智能航运与未来"峰会在上海召开。来

自全国交通系统主管部门、国内外港航企业、科研院所的嘉宾齐聚一堂，围绕“新时代·大航海·强国梦——智能航运与未来”主题，共商以高科技托起跨越时空的未来航海大事业。以数据技术为支撑，以船舶运行为核心，构建全域的数据体系，可以清晰了解船舶运行过程中的驾驶台信息、雷达、探测仪、电子海图等，另外能够实现船舶监控、风力报警等功能。而以船舶经营为核心构建的全列入数据体系，能够反映船舶成本、船员情况、船舶运营情况和船舶的货运量情况等，支撑智能航运的大数据主要构成。

这个多元的数据体系，是回应或支撑现代航海技术走向新时代。而现代航海技术走向主要呈现以下特点：

一是船舶大型化。随着科技发展，造船材料精益求精，船舶也越造越大。在20世纪50年代，1万载重吨的船就可称为“万吨巨轮”。至2000年底，世界上拥有10万载重吨的超大型油轮（VLCC）数百艘。目前，最大的散货船为60万载重吨。集装箱船近年来也越来越大，6 000标箱、8 000标箱、10 000标箱……甚至达到22 000标箱。

二是船舶专业化。随着经济的发展、贸易的需要，人们对船舶的需求更多样。过去的海洋运输船舶主要是客船、货船。近20年来，大型油轮、超级集装箱船、豪华邮轮、各式各样的滚装船、安全可靠的液化气船（LNG、LPG）、酷似航母的半潜船等专业化特种船舶像雨后春笋般地迅速生长，让人眼花缭乱。

三是船舶驾驶自动化。进入第三次产业革命后，技术发明的商业化加快，现代控制理论及其自适应控制等技术理论进入船舶制造业。20世纪80年代，微型计算机在船上广泛应用，从船舶自动舵、船舶机舱设置集中控制室到无人值班机舱和驾驶台对主机遥控遥测。近10年来建造的新型船舶基本上都可称之为自动化船舶，其中一部分自动化程度高的船舶被称为“高自动化船舶”。船舶自动化从机舱自动化走向了驾驶自动化时代。

四是船舶定位全天候化。经典的陆标定位、天文定位方法已成为特殊情况下的怀旧手段。当前已经进入高精度卫星导航定位新时代，有中国的北斗卫星定位系统、美国的GPS全球卫星定位系统、俄罗斯的GLONASS全球导航系统、欧盟的伽利略卫星导航定位系统。船舶定位已经成了驾驶员不在话下的事。

五是船舶避碰智能化。在雾天、大雪、大暴雨等能见度不良的天气下，船舶驾驶员就如同高度近视甚至是盲人开船，很容易酿成悲剧。即使船用雷达也会因船员对雷达提供的信息处理和运用不当造成船舶碰撞。现在，自动雷达标绘装置（APPA）和雷达结合形成自动避碰系统，可用图像方式自动显示相遇船舶运动矢量线、可能碰撞点等信息。数据和图像处理技术的发展，使得船舶自动识别系统（AIS）问世，AIS可连续与其他船舶交流船舶数据，如船名、船舶种类、尺度、装载情况、航行状态和航行计划等。这大大减少了碰撞事故，使驾驶员实现了从“近视眼”到“千里眼”的跨越进步。

六是航运海图的智慧化。传统的纸质印刷海图已不能适应船舶自动化和航海智能化的发展要求，电子海图显示与信息系统（ECDIS）在近十几年研发成功并不断完善。ECDIS上具有海图显示、计划航线设计、航路监视、危险事件报警、航行记录、海图自动改正等多种功能。这不是纸质海图到电子海图的形式变化，而是基于船舶位置的网络数据大平台,是航海领域的一场技术革命。

七是通信系统智能网络化。当船员越来越少,通信系统变得越来越重要。国际海事通信基于地球同步卫星,提供全球范围内的通信服务。船与船、船与岸台,可以全方位全天候即时沟通信息。一旦发生海上事故,岸上搜救当局及遇难船附近船舶能够迅速地获得报警,以最小的时间延迟参与搜救行动。卫星网络通信在船上的使用实现了驾驶与通信合一,传统的船舶报务员已经被淘汰。

未来航海是什么样子?

未来航海的开船工程师,可以坐在办公室里指挥万里之外的巨轮。

我们有理由相信,在第四次工业革命大背景下,科学技术的突飞猛进,将给船舶发展带来勃勃生机。

智慧集装箱装运的无人码头汽车、管理海事的专用无人飞机、无人驾驶的几十万吨级超级巨轮、靠机器人管理的无人码头……这样的场景是被科技与艺术支撑起来的智慧航海,很像一个美丽的工作游戏世界。

一人驾驶几艘十几万吨船舶,是坐在办公室里开的。驾驶员不再称为船员,他们将是一种新型的白领工程师,边喝着咖啡边开船。开船人不单单是职业,而是工作与娱乐的有机结合。让我们满怀激情一起逐梦智慧航海的未来吧!

三、回应“双碳”目标建设“绿色航海”的战略背景

以“碳达峰、碳中和”为核心指标的“双碳”战略是否也会影响航海事业?答案应该是肯定的。依托新型造船材料、新船舶动力、大数据、人工智能、基于卫星网络的物流网以及区块链与现代船舶工业深度有机融合,将使船舶发展迈上新台阶——高度智能的、脱碳型的自主化现代船舶,新动力、新材料、超导电磁的高智慧船舶等,将会展现在世人面前。

用清洁能源替代传统燃油,中国造船业试水绿色智能的新路开辟时代,已经慢慢开始了。中国造船业试水绿色智能,更已经展现了阶段成果。在长江宜昌段,一艘游轮来往穿梭,引人注目。旅客上船后,无论在甲板上还是船舱内,都听不到发动机轰鸣,也闻不着刺鼻的柴油味,耳畔只听得风浪声声,目之所及皆是醉人江景。它就是“长江三峡 1”号,是一艘纯电动游轮,长 100 米,宽 16.3 米,有 4 层楼高,由三峡集团和湖北三峡旅游集团合作研发建造,是个名副其实的“大家伙”(见图 7-2)。

“长江三峡 1”号有 4 个电池仓,配备 720 块宁德时代磷酸铁锂动力电池包,载电量 7 500 千瓦时,相当于 100 多辆电动汽车电池容量的总和,是全球电池容量最大的船舶电池,动力全部实现国产化。低碳环保,船舶换上了新能源,在中国已经走在有规划、有行动、有成果的大道上。

上海颁布的“2050 低碳发展路线图”明确了“三环节、四举措”思路,而世界能源利用自 1800 年至今再向更远期的趋势可参见图 7-3。

在“航海生态文明建设”和“绿色航运”概念中,既有对船舶制造优化升级的课题,也有

图 7-2 “长江三峡 1”号

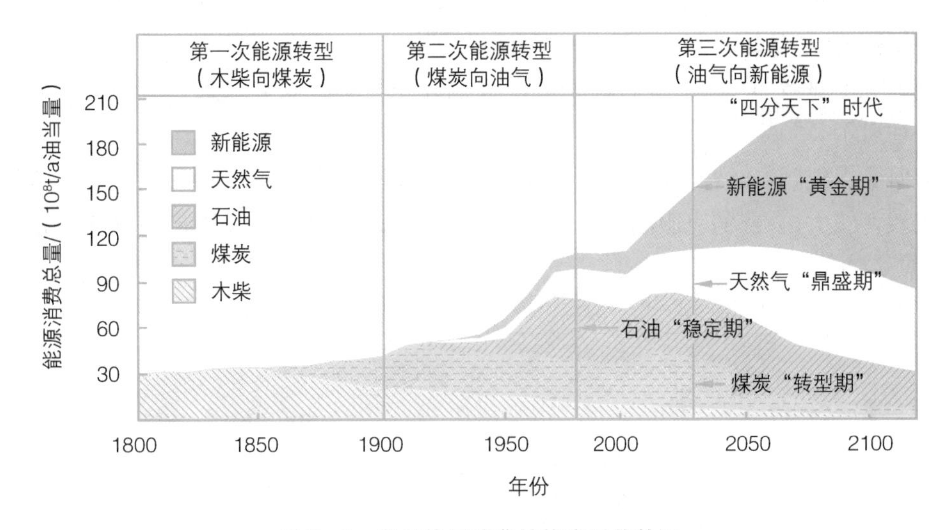

图 7-3 世界能源消费结构发展趋势图

航运过程绿色控制的课题，需要在未来航海者的素养培育中得到体现。

再把目光投向海上。在山东青岛港至董家口港之间，满载集装箱的“智飞”号乘风破浪。这是中国自主研发的首艘自主航行 300 TEU 集装箱船，是一艘油电混合动力船。别看块头大就觉得是个“笨家伙”，它的“头脑”一点也不简单，弧形驾驶室控制台，多种智能设备、行船数据、航海地图等，多方面都显现满满的“科技范儿”。

但这里还有许多值得探索的时代课题，例如，电池舱容积有限，配置过多电池，则会占用船舶过多体积和重量，影响整体设计建造？水域航行条件也比公路复杂得多，比如水汽侵蚀就会对动力电池安全构成威胁，大容量电池安全运行如何得到保障？此外，避免电池组间的电磁干扰、大容量电池充电难等也是绕不开的坎。这些都为“航创”综合课程提出了新的探索主题。

第二节 “大成智慧学”展现大格局思想的启示

诚如本书第一章所言,“大成智慧学”源于我国老一辈著名科学家钱学森先生提出的“集大成、得智慧”教育思想。“大成智慧学”是钱老晚年针对教育的改革建言,核心意涵是:“人的智慧是两大部分:量智和性智。缺一不成智慧!此为‘大成智慧学’。”

关于“量智”与“性智”、逻辑思维与形象思维不可分离及其在科学与艺术创作过程中的作用,钱老还有如下精辟分析:“从思维科学角度看,科学工作总是从一个猜想开始的,然后才是科学论证;换言之,科学工作是源于形象思维,终于逻辑思维。形象思维是源于艺术,所以科学工作是先艺术,后才是科学。相反,艺术工作必须对事物有个科学的认识,然后才是艺术创作。在过去,人们总是只看到后一半,所以把科学和艺术分了家,而其实是分不了家的;科学需要艺术,艺术也需要科学。”

这个观点对诸如“航创”综合课程后期优化开发与实施面对未来大格局人才的培养,也是一种启示。

为何要提倡“大成智慧”思想引导新课程的建设?这也是回应前面第一章提出的“中国基础教育三大短板”的克服问题。还有人对何谓“知识”作了一个图像化解读,如图7-4所示。

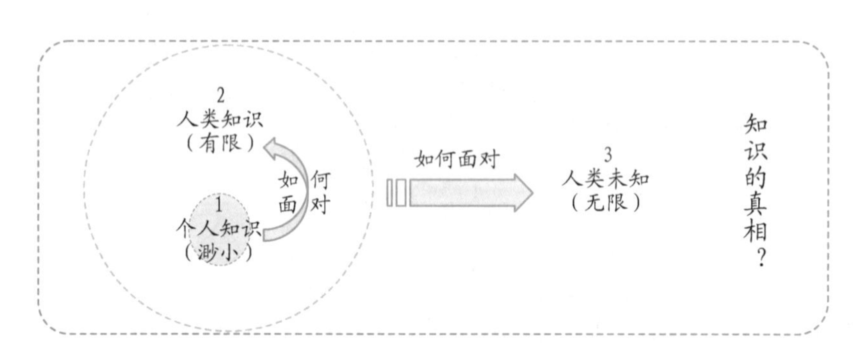

图7-4 知识的解读

由此需要思考的是,上述对教育改革发展带有新方向的建议,其实质是什么?是否可以植入“航创”综合课程的完善优化工程中?如何植入?

答案应该是明确的。大成智慧和知识真相的启迪是需要让影响学生面向未来的收获是“核心素养”的提升而不仅是航海知识的增加。该“核心素养”较之原厘定的“蓝色素养”“航海文化”应有更大的高度和宽度,或者属于能支持学生生涯发展与可持续发展的立于哲理层面的“学习素养”,是一种超脱于具体专业领域的综合素养。

其中有几个关键词需要回应:首先,跳出狭义“航创”,更具影响生命力是更广义的

“追求卓越”，面向未知和无限的“知识世界”，这是一个动态前行的理念。为此，课程的开放性须更宽广跨界，课程的留白度应更顾及差异。其次，是深化“综合”的意涵，应思考在第一章中对分领域、空间和技术等综合基础上，着重在课程的落脚点即“素养”层面的综合，将“综合”推向“融合”，使学生的最终受益能得到可持续和终身发展的层面来探索。这可能是更大格局的“航创”综合课程的未来之路。

第三节 “美美与共”课程互鉴共享的机制优化

这里所谓“美美与共”的前提是能够“各美其美”“美人之美”，即各联盟校基于不同办学文化在同一的“航创”主题下，形成的课程资源能在联盟的群体中彰显各自的特色亮点，并在交流与展示中获得联盟校同伴的点赞，能够获得互鉴接纳的结果，慢慢形成共识。而这种共识还需要有扩大效益的提升与法制，也即能形成“机制”及其优化的意涵所在。

这里有几个层面的反思和启示，也就是有几个层面的“机制优化”。

其一，学段层面的“美美与共”课程互鉴共享机制优化。同一学段的不同的联盟校在对“航创”主题关注上有不同的指向特色，也有不同的层次特色。高中学段有大团高中、北蔡高中和育民中学的高中部，之间的特色指向存在的差异较明显，可以借用图 7－5 解释，即新课题是如何借课程建立和优化“联盟发展机制”。

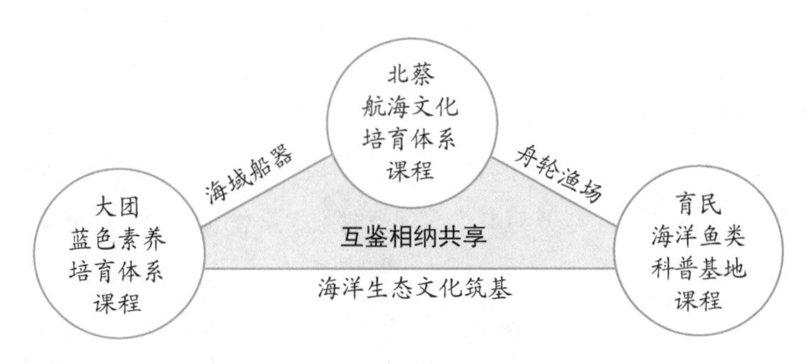

图 7－5 互鉴相纳共享机制

而初中学段的联盟校有北蔡中学、澧溪中学、临港一中和育民中学初中部，其中临港一中“海洋文化”特色创建历时较长，现在结合智能技术实现升级发展；育民中学基于海洋鱼类标本馆而成为专题性“全国科普基地”；北蔡中学与高中分离后同莲溪中学合并创建，围绕航模与港口等主题研学课程开发而展现了一定特色；澧溪中学引入北蔡高中的“航海创新实验室”资源后培育了新的“航海文化”特色。四校的互鉴具有多元多向的特点。为启发其间的机制优化，可以用图 7－6 解释其关系。

小学学段尽管只有进才实验小学，但该校合并西校，共四个校区，办学规模较大，关注海洋文化领域较广，还有“集团化”辐射对象，即成员校共 12 所，如图 7－7 所示。

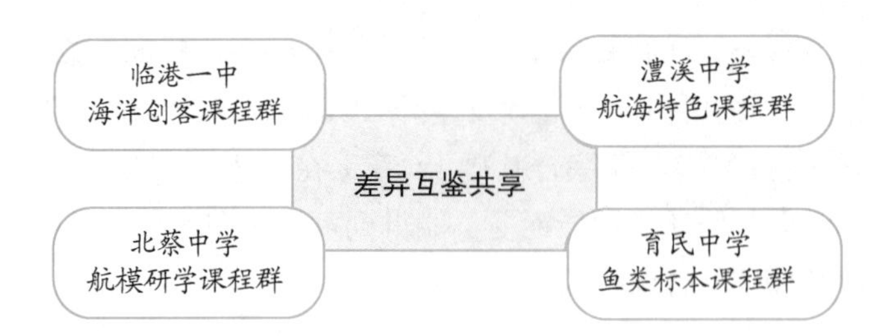

图 7-6 差异互鉴共享机制

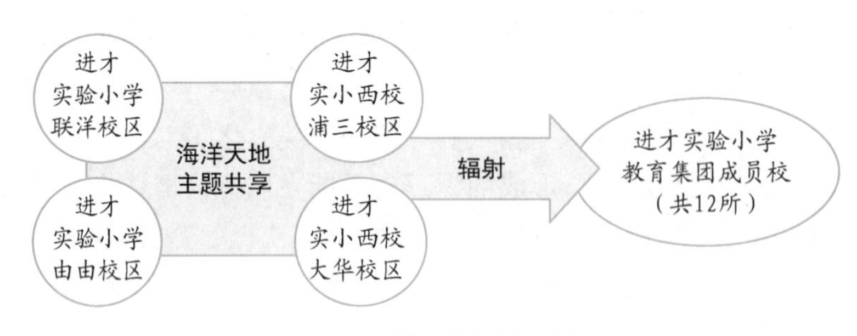

图 7-7 “集团化”辐射机制

上述分学段的互鉴相纳共享机制及其优化都值得在航创主题下探索。

其二,学区层面的“美美与共”课程互鉴共享机制优化。在航创联盟校中,北蔡中学牵头的“北蔡学区”和澧溪中学牵头的“周浦学区”是具有一定规模和区域影响的办学体。如何盘活航创联盟资源为学区共享,也需要机制配套。

北蔡学区由北蔡镇辖区内的北蔡中学、新云台中学、绿川学校、北蔡镇中心小学、莲溪小学、御桥小学、育童小学等 7 所学校组成。目前学区注重北蔡地域特色的课程共建共享为抓手,强化学区内校际课程建设的互动,构建包含“社会生活”“文化传承”“艺体修养”“科学创新”等 4 个板块的学区特色课程系列,区聚焦乡土文化的课程建设与共享成果较为突出,而“航创”综合课程的“美美与共”还有待伴随“紧密型学区”建设而发挥其互鉴共享功能,建立相应的机制。

周浦学区则由周浦镇管辖区内的澧溪中学、傅雷中学、周浦育才学校、周浦小学、周浦第二小学、周浦第三小学、澧溪小学、周浦实验学校、傅雷小学等 9 所学校组成。周浦镇被称为“小上海”,拥有一些“海派文化”特征,学校注意发展办学特色,有盘活乡土文化者(如“非遗传承”“傅雷文化”等),也有聚焦小创客培育的“创客工坊”课程。而澧溪中学周阳校区引入原北蔡高中的“航海创新实验室”资源后,开发了一系列航海专题课程,如“未来航海家”创课程,通过“承航海梦,扬爱国心”“探索新知,逐航海梦”“挥毫落纸,绘航海梦”“牛刀小试,造航海梦”“述航海梦,展望未来”五个模块,让学生对航海文化有系列感受,并举办“点亮梦想向未来——校园航海文化节”,在学区其他学校可产生影响和实现共享。

应该说,在上述这两个层面对“航创”综合课程的共享机制营造和优化方面,“航创”联盟的功能作用发挥是很值得研究探索的。

参 考 文 献

[1] 中国教育新闻网 https://baijiahao.baidu.com/s?id=1686288195944652914&wfr=spider&for=pc.

[2] 博雅小学堂 https://www.sohu.com/a/350238437_101025.

[3] 上海交通大学钱学森研究中心编.集大成 得智慧——钱学森谈教育[M].2 版.上海:上海交通大学出版社,2015.

[4] 孙元清,等.上海课程改革 25 年(1988—2013)[M].上海:上海教育出版,2016.

[5] 周傲英."互联网+"是教育变革的机遇.《2020 上海基础教育信息化发展蓝皮书》教育发布会演讲.

[6] 施良方.泰勒的《课程与教学基本原理:兼论美国课程理论的兴起与发展》[J].华东师范大学学报(教育科学版),1992(4):1-24.